JN084572

まえがき

　みなさんは自分の実践を丁寧に語りながらふり返る機会がありますか。また、他の人の実践をじっくりと聴いて、共に学ぶ機会がありますか。

　これまで日本語教育分野でおこなわれてきた教師研修は、講師を中心とした講演会や参加型のワークショップが中心で、学ぶ内容が予め決まっていたり、単発的な研修が多く見られます。一方、本書で取り上げるラウンドテーブル型教師研修は自分たちの実践を出発点として仲間とともに丁寧にふり返り、それを継続的に行い、コミュニティもつくっていくことを目指しているため、これまでにない「新しい教師研修スタイル」と言えます。筆者らは、当該研修を 2008 年から東京と北京で数回実施し、2015 年から「学びを培う教師コミュニティ研究会」（https://manabireflection.com/）を立ちあげて、毎年、中国（上海）、ベトナム、国内（東京、兵庫、長崎など）で活動を展開してまいりました。

　日本語教師を取り巻く教育現場も学習者も、そして教師自身も多様です。このような中で日本語教師は様々なことに配慮しながら 1 つの方法やこれまでの教え方などにとらわれることなく、日々の授業などと向き合い、しなやかに対応することが求められています。そして、日々泥臭く奮闘する日本語教師自身の中には、経験から得た知識や実践から感じとった感覚が育っていると思われます。このような力の元となっていることや自身の経験を当該研修で言葉に紡いだり、紐解いたり、仲間と探求し合うことには、果たしてどのような意味があるでしょうか。

　本書では、「実践を省察するラウンドテーブル型日本語教師研修」によって、どのようなことが可能になるのかについて提案したいと考えています。これまで本研修に参加したことがない方に本研修のイメージを持っていただくだけでなく、すでに本研修に参加してくださった方にも研修で体験したことは何だったのかなどについて考えられる機会にできれば幸いです。本研修で目指しているのは、具体的には以下のとおりです。

   (1)   実践を協働で丁寧に語り、聴くことによって実践から省察する力を
           培っていくこと。

   (2)   参加した教師たちが互いに互いの学びを支え合うことによってでき
           あがる人間関係を育むこと。

   (3)   国内の様々なコミュニティ（大学・送り出し機関・日本語学校・
           EPA による看護師など・年少者・NPO・ボランティア・ビジネス
           など）や海外の日本語教育コミュニティとつながっていくこと。

　本研修の参加者からは、次のような声がありました。「このような機会が
これまでなかった。ここでは形にできないことを形にしている」、「さまざま
な経験や価値観を感じ、熱気に満ちていた」、「毎年参加させてもらっていま
すが、いつも違う感動があります」、「報告者の話を聴いて、改めて自分の場
合はどうするか考えた」、「実践を聴いて自分もまた頑張ろうという気持ちに
なった」、「学校教育以外に企業の方の話も聴くことができ、立場の異なる
方々ともつながりがあることを実感した」、「参加者が互いに尊重できる会
だった」、「国内外の違いはあるが、同じ教師として共通する点が多いことに
気づいた」、「語り手の話を聴いて、自分の実践と照らし合わせ、考えるとこ
ろがあったなと思った」

　本書では、当該研修の考え方を支える理論を紹介したうえで、これまで
行ってきた本研修の具体的な実践例を書きました。本書を通して読者のみな
さまの実践からの学びを下から支え、多くの日本語教育関係者を励まし、拠
り所となれば幸いです。それでは、「新しい教師研修」の世界を見ていきま
しょう。

目　次

【 理 論 編 】

【 実 践 編 】

第 3 章　実践を省察するラウンドテーブル型日本語教師研修の全体像

第 1 章

実践を省察する
ラウンドテーブル型
日本語教師研修とは

　まえがきでもふれたように、本書は、「実践を省察するラウンドテーブル型日本語教師研修」によって、どのようなことが可能になるのかについて提案するものです。

　みなさんは、ラウンドテーブル型日本語教師研修に参加したことがありますか。「省察」や「ラウンドテーブル」という用語には、どんな印象を持ちますか。本章では、「ラウンドテーブル型日本語教師研修」のキーワードとなる「省察」や「ラウンドテーブル」といった用語を整理した上で、その歴史、特徴や狙いなどについて紹介します。

1-1　省察とは

　「省察」とは、英語のリフレクション（reflection）を日本語訳したものです。reflection は「反省」「内省」「振り返り（ふり返り）」などとも訳されますが、それぞれの訳語はニュアンスや使われる意図が異なります。

　筆者は「省察」という読み方について、多くの方から「「しょうさつ」ですか、「せいさつ」ですか」と質問されます。また、「「反省」「省察」と「内省」と「ふり返り」と何がどう違いますか」と聞かれることもあります。みなさんは、これらの言葉をどのように使い分けていますか。ここでは、これらの用語が日本語教育の文脈でどのように使われているのかについて見ていきます。

反省

　「反省」という日本語には「否定的にふり返る、自己評価する」という意味が伴います。

　例えば、実習生が「導入部分がうまく説明できなかった点を反省しています。」と言った場合の「反省」は、「できなかったことをマイナスに捉えており、それが悪かった」という意味を示します。

省察

　「省察」の読み方には「せいさつ」と「しょうさつ」の 2 つがあります。本書では、教育学の分野で使われている「せいさつ」という読み方を採用します。

　「省察」には実践について「観察」し、それに基づいて考えるという意味があります。また、この用語は、学校教育や社会教育の分野、看護の分野、ビジネス分野等で広く使用されており、reflection の訳語として一定の支持を得ています。教育分野では「省察的実践家」と言う訳語と「反省的実践家」という訳語の両方がありますが、これらは同じ分野であっても研究者の解釈によって訳語や使い分けが異なることがあるためです。例えば、ドナルド・ショーンの原著（Schön 1983）を全文翻訳したショーン（2007）では reflection の訳語として「省察」を使っています。

内省

　「内省」には実践に忠実にふり返ることで中立的な立場に立って考えるという意味があります。この用語は、実践を否定的に捉えて反省するのではなく、実践の中で考えたことを自然に捉えていくことを意味しています。日本語教育分野では、岡崎敏雄・岡崎眸（1997）が reflection を「内省」と訳したことが発端となり、「内省」という用語の使用が多く見られます（岡崎・岡崎（1997）では、「反省」と訳している箇所もあります）。

ふり返り

　「ふり返り」という訳語は、和語で示すことに特徴がありますが、「省察」とほぼ同一の意味で用いられています。和語にすることによって、親しみやすく柔らかい印象を与えることから、成人学習論では「ふり返り」が多く使われています。また、日本語教育分野では、「振り返り」と「ふり返り」の両方が使われていますが、本研修は成人学習論に基づいているため、「ふり返り」という表記を使います。

　上記以外にも reflection は中国語では「反思」と訳されています。「反思」とは、「過去に起きたことをふり返り、そこから経験や教訓を得る」という意味です。教師教育分野で使われている「反思」は、Deway（1916）が唱えた「反省的思考」が始まりであり、ショーン（1983）の「省察的実践」理論に基づいて一般的に使われるようになりました。中国語では、「反思型教師」（省察的教師）「反思性教学」（省察的実践）「反思教学」（教育実践を省察する）のように使われています。どの用語が適切なのかを判断することは容易ではありませんが、共通して言えることは、英語の reflection が源であり、「実践を通して得る考え・思考」という意味を持つことです。本書では「ふり返り」と「省察」という語を用います。ただし、すでに存在する文献で用いられている訳語については、原文のまま表記します。

I-2　実践を省察するラウンドテーブル型日本語教師研修のはじまり

　実践を省察するラウンドテーブル型日本語教師研修（以下、ラウンドテーブル型研修とする）は、2006 年に当時大学院生だった筆者（池田）と朱桂栄さん[1]が大学院の「成人学習論の講座」で学んだのがはじまりです。成人学習論については、後で詳しく説明しますが、この講座で学んだことは日本語教育に必ず役に立つということを実感し、日本語教育にぜひ取り入れたいと考え、できることから二人で始めました。最初は一人の語り手に対して朱桂栄さんと池田で、成人学習の講座で行ったことを見よう見まねでやってみました。その後も理論書を読んだり、実践したりしながら試行錯誤を続け、2015 年に日本で運営メンバーとともに「学びを培う教師コミュニティ研究会」を立ち上げました（https://manabireflection.com/）。

　日本国内および海外の教育機関でラウンドテーブル型研修を実施する際には、運営メンバーと現地のスタッフや教員がすべて協働で企画し、運営、実施にあたります。2008 年〜 2015 年までは日本国内で開催していましたが、2015 年 12 月からは国内だけでなく北京、上海、ベトナムで実施するように

なり、海外の日本語教育関係者とのつながりも大切にしています。例えば、上海でのラウンドテーブル型研修は中国の大学教員や日本語教育関係者、現地の理解者、運営メンバーに支えられて毎年秋（または冬）に実施しています。そして、2021 年はオンラインによって実施し、6 年目を迎えました。また、2019 年には、ベトナム・ハノイで初めて本研修を実施し 2021 年はベトナムでもオンラインにより本研修を実施しました。ここでも現地ハノイの日本語教師、日本語教育関係者、ハノイ日本語教育研究会、運営メンバーとの協働により運営が行われました。このように、本研修は、たった二人の取り組みから始まりましたが、その後小さいグループで細々と続けていくうちに、様々な人が研究会に興味を持って関わってくださり、徐々に広がりを見せてきました。

　では、ラウンドテーブル型教師研修とはどのようなものでしょうか。

I-3　ラウンドテーブルとは

　ラウンドテーブルとは「円卓」のことです。円卓を囲んで座り、参加した者同士がやりとりをしながら学び合う、というイメージです。

　ラウンドテーブルという形態で学ぶことについて、三輪（2009）は「ラウンドテーブル型教師研修」とは、4 〜 5 名程度の小グループの中で報告者がじっくり時間をかけて自らの実践を報告し、他の参加者が丁寧に聴き合うことで省察を深める学習方法と述べています。また、柳沢（2009）は、「実践の長い展開を語り、聴くことを中心に置き、実践の展開について問い交わしながら共同探求できる少人数（6 名程度）のグループを設定」し、そこから学び合う活動であると捉えています。

ラウンドテーブル・円卓

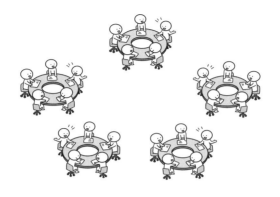

図 I-I　ラウンドテーブル型研修のイメージ図

　近年、日本語教育でもこういった形態の教師研修は行われるようになりましたが、最初からグループで話すテーマが固定しているタイプもあれば、グループ内で参加者が自由に実践について話すタイプもあります。本書でのラウンドテーブル型研修は、上述の三輪 (2009) や柳沢 (2009) に基づいて日本語教育に合致するように編み出したものです。

I-4　日本語教育向けに考案した「実践を省察するラウンドテーブル型日本語教師研修」

　上述の「日本語教育に合致するように」という点は、本研修の特徴でもあるため、ここからは、経緯も含めてもう少し深く掘り下げて示します。

　筆者は 2006 年に成人学習のゼミでこの理論を学びながら実際に小グループのふり返り活動にも参加しました。この後、「日本語教師向けの教師研修を立ち上げたいこと」を成人学習ゼミの教員に相談したところ、プログラムの開発について全面的に支援してくださることになりました。ここからはお

およそ 3 か月以上かかりましたが、日本語教師のニーズに合致した研修デザインを創る計画がどんどん進んでいきました。

　最初は、成人学習のゼミで筆者が企画した上記の研修案について発表しました。その後、ゼミの教員とゼミメンバーが、「参加者全員が成人であることをもっと配慮する必要がある」、「もっと、ゆったりとはじめてもいいのではないか」というような助言をしてくれました。これらの助言をもとに企画案を修正し、今度は日本語教育のメンバーを集めたミーティング（筆者を含め当時は 4 名）で案を説明しました。その後、小さな勉強会（ショーンや成人学習の文献を読む）を行っていたので、その延長線上でミーティングを続けていきました。このミーティングでは、例えば、参加する話し手（日本語教師）の満足度を高めるために、①グループ活動中のグループ内のルールをしっかりと決めることや②参加者に省察をどうしたら促すことができるのか、などの議論を徹底的に行いました。また、プレゼンテーションや実践の単発的な報告会にならないようにするためにはどうしたらいいのか等は常に、意識していました。その後、①，②などを盛り込んだ企画修正案をさらに成人学習のゼミで発表し助言をもらう、というような往来を何度も繰り返しました。

　これらのミーティングの参加者からは、「この研修のやり方がわからないので、経験者に教えてほしい」、「会ったこともない人の話を 60 分も聴くことはできない」という率直な意見が出たこともありました。しかし、研修の方法をマニュアルのように説明することはしませんでした。それよりも、成人学習ゼミの教員から教わったことを思い出しながらメンバー全員で考え続け、頭と体でその方法を体得していきました。メンバーは本研修の軸となっている考え方は理解していましたが、実際にグループの中でどのように参加者を支援すればよいのか、などは自分で考えながら 1 つ 1 つ体得していったのです。これは本研修の特徴でもあります。

　はじめて日本語教育で行った「ラウンドテーブル型研修 2008」（お茶の水女子大学開催）は、上記のように十分な準備期間を持って行いましたが、日本語教育のメンバーだけではなく、成人学習のゼミの大学院生 2 名がファシリテーターとしてグループに入り、研修全体を支援してくれました。この

初回の研修の後には、成人学習ゼミにおいて、本研修の報告とふり返りを行い、学院生から多くの助言をもらいました。

　このようにラウンドテーブル型日本語教師研修は成人学習の理論をベースに、日本語教師の特徴や文脈に合わせて検討を繰り返しながらできあがったものです。

I-5　なぜ、ラウンドテーブル型日本語教師研修は日本語教師に必要か

　「なぜラウンドテーブル型教師研修が日本語教育に必要なのか」についてですが、これは日本語教師が置かれた環境と関係します。日本語教師は、国内外を移動する人が多いため、長く時間をかけて人間関係やコミュニティを構築することが難しい環境におかれています。

　飯野（2011）によると、日本語教師は、ある程度の期間ごとに国や地域を「移動」することが多く、その結果、国や地域の日本語教育に関する施策、機関の方向性、対象とする学習者や同僚教師の背景などから、教師が関わる実践の立場も異なってくるとしています。また、日本語教師は仲間の教師らとコミュニティを築くことが難しいという状況について、牛窪（2014, 2015）は、他の教師と関係性が持てないまま、無難に割り当てをこなすという日本語教育観を持っていることを指摘しています。

　このような状況の中で、それぞれの文脈で求められているニーズや教授法、それぞれの制度や環境に即座に対応していくことも求められています。移動の多い教師は、国内でも海外でも、孤軍奮闘しているケースが見られます。特に海外における日本人日本語教師の多くは、このような問題を抱え、施策や制度に翻弄されているケースが見られます。そのため、ラウンドテーブル型研修を通して、日本語教師同士が自身の実践をじっくり、ゆっくり、たっぷり語り、コミュニティをつくりながらエンパワーメントする（参加者同士が互いに励まし合ったり、支えたりする）ことは、継続的に日本語教育

に関わっていく基盤となる、とても大切な活動であると考えます。また、教師教育の視点から言えば、日本語教師の成長を長期的に支えていくために必要なことだと考えます。

I-6　実践を省察するラウンドテーブル型日本語教師研修が目指していること

　まず、ラウンドテーブル型研修の実践のふり返りの対象は、「授業」と「社会的なこと」の両方を含んでいます。そのため、授業を行ってどうだったのかというふり返りもあれば、子育てと仕事の両立の中での葛藤やふり返りも対象となります。また、これまでの教師人生を 10 年ごとに丁寧にふり返る、というようなものも含めています。そして、実践を行う中で気づいた点や終わった後に考えたことを掘り起こし、それを他の人に向けて言葉に紡ぎ、言語化し、他の人にじっくり、ゆっくり、たっぷり伝えることを大切にしています。そうすることで今まで気づかなかったことに気づくことがあります。これを「暗黙知」と言います。「暗黙知」になっていたことを可視化し、実践の長い道のりの中で考えたことに気づき、語りの内容をさらに探求し、その意味づけを行っていきます。

　ここでいう「暗黙知」とは、語られることを支えている語られていない部分に関する知識を意味します（ポランニー 2003）。また、三輪（2009）では、実践知は実践の背後にあって言語化されていない知、暗黙知は、言語の背後にあって言語化されていない知のことであると述べています。例えば、自転車に乗るときに、自転車にあわせて適切に体を動かすことができるものの、どのようにして自分が自転車に乗るときにバランスを調整しているのか、どのようにして乗れるようになったのかについては、曖昧な言葉になってしまいます。このように意識に埋め込まれていて、はっきりと明言化できない知識は「暗黙知」と言います。ラウンドテーブル型研修において「暗黙知」を言語化していくことは重要な営みとなりますので、第 2 章と第 3 章でも詳

細に述べます。

　ラウンドテーブルに初めて参加する人は、授業のふり返りだけで終わることもありますが、2、3回と繰り返して参加するうちに、授業以外のことを自然に語っていくこともよく見られます。

　三輪（2009）は、語り手は短期の実践だけでなく、長期の実践報告をすることで、事例の成果や実践への関わり方、そしてそこでの実践への構えなどについても省察することになると述べています。また、授業のやり方だけでなく自分自身の教師観、教育観についても報告することになるとしています。つまり、ショーンの言う「行為の中の省察」[2]が行われるようになると述べています。

　また、聴き手は語り手の価値観に寄り添いながら質問をすることになり、その語りと聴く作業は、省察的な相互決定型の学習ということができるとしています。

　つまり、ラウンドテーブルは、参加者同士がお互いを尊重し合いながら学ぶ場であり、悩みの相談や解決の場とは異なります。

　そして、実践を省察するラウンドテーブル型教師研修では、主に以下の3つを目指しています。

① 実践を協働で丁寧に語り、聴くことによって実践から省察する力を培っていくこと。
② 参加した教師たちが互いに互いの学びを支え合うことによってできあがる人間関係を育むこと。
③ 国内の様々なコミュニティ（大学・送り出し機関・日本語学校・EPAによる看護師など・年少者・NPO・ボランティア・ビジネスなど）や海外の日本語教育コミュニティとつながっていくこと。

　こうした研修を通して、参加者はいままで言語化できなかった課題が新たに設定されたり、また、横のつながりを持つ機会がなく、孤軍奮闘していた参加者の関係作りをエンパワーメントすることが可能になります。上記のよ

うなことを目指しているため、本研修は講義形式によって日本語の教授法や
新しい知識を伝える研修やワークショップ形式とは異なります。また、実践
の単発的な報告会とも異なります。本研修では教師が日々取り組んでいる実
践を自分で掬い取り、その実践を当日のラウンドテーブルのグループ内で丁
寧にゆっくりと語ります。そして、それを聴く人はできるだけ、語り手が語
る内容や語り手の気持ちに寄り添って聴きます。そうすることによって、参
加者全員が様々な気づきを得たり、継続して参加する人が増えてきているの
が、1 つの特徴です。

　日本語教育に関する研修は海外や国内で行われていますが、研修を行う側
が一方的にテーマや形態を決めて実施することが多いのではないでしょう
か。しかし、国や地域、教育現場によって事情は異なります。したがって、
今後はトップダウンで行う研修も大切にしつつ、教師がそれぞれの実践をも
とに学び合う関係を作っていく、ボトムアップ型の研修も大切にしていくこ
とが重要だと考えます。つまり、これからの教師研修には、双方向型の研修
が必要になると言えるでしょう。研修企画者やコーディネーターは参加者で
ある教師のニーズや教育現場の状況をよく吟味し、研修の形態や内容をデザ
インすることが大切です。

　特に海外で実施する場合には、現地の状況を把握しつつ現地のスタッフや
教師と協働する必要があります。例えば、日本国内で最先端の考えや教授法
をある国の教師研修に持っていって、一方向的に研修を行っても、その国の
文脈や教師の発想から研修の内容がかけ離れていて、主催者側と参加者がう
まくかみ合わないことがあります。そのため、海外で教師研修を行う場合
は、その国の事情を把握し、状況を考慮したうえで研修を実施することが重
要です。そして、ラウンドテーブル型研修を現地で継続していくためには、
最終的には、現地の教師が主体的にラウンドテーブルを進めることができる
ように支援していくことが大切だと考えます。ここでは、コミュニティや国
境を越えて、教師同士やコミュニティ間で研修について企画の段階から学び
合うという姿勢が必要となります。

Ⅰ-7　大人の学びに寄り添う：じっくり、ゆっくり、たっぷり語れる
　　　環境づくり

　ラウンドテーブル型教師研修におけるグループの中には、語り手と聴き手、そしてファシリテーターがいます。それぞれの参加者が役割を担って活動を進めています。研修全体もグループ内も自分の実践に向き合うことができるように、緩やかなデザインが設けられています。時間の制約を受けたり、効率を求めるのではありません。では、なぜ緩やかなデザインなのでしょうか。

　それは参加者である教師がおとなの学習者、つまり、成人学習者であるためです（詳細は第2章を参照）。成人学習者はすでにいろいろな経験を通してできあがった価値観をそれぞれに持っているので、その価値観や経験を尊重し生かすことによって、参加している教師の学びを広げることができます。したがって、本研修ではふり返りを強制したりすることはありません。他の研修では活動ごとにふり返りシートやポートフォリオを参加者に書かせることがあるかもしれませんが、本研修ではそうしたことは、それほど徹底しておらず、むしろ、成人学習者である教師が学ぼうとする前向きな態度を育むことを大切にしています。

　このように本研修は、新しい教授法や考え方を学ぶものではありません。そして、自分たちの実践を報告し合ったりするだけのものでもありません。本研修では、実践を協働でじっくり語り、丁寧に聴くことを通して、実践についての探求や省察を深めていきます。また、その際に成人である参加者の学びを支えるようにしています。

2019 冬　中国・上海ラウンドテーブルの様子

　ところで、ラウンドテーブル型研修は協働型の教師研修の 1 つと捉えられ
ますが、ここでは教師研修で最も多く取り入れられている「ワークショッ
プ」についても少し触れておきましょう。

　例えば、ワークショップは、「講義など一方向的な知識伝達スタイルでは
なく、参加者が自ら参加・体験し、グループの相互作用の中で何かを学び
合ったり創造したりする、双方向的な学びと創造のスタイル」(中野 2001:
11) と定義されています。また、中野 (2001) は、ワークショップにおい
ては、集団による知的相互作用を促進する役割を担うファシリテーション
(facilitation)が重要であると述べています。これは単なる司会ではなく、「進
行促進役」「引き出し役」を意味しています。

　こうした参加型の研修では、講師が新しい教授法や教室デザインを講義す
るのではなく、対話によって省察を促し、自ら考えることの支援も行ってい
ます。

I-8　ラウンドテーブル型教師研修の特色

　ラウンドテーブルは教師が実践をもとに語りますが、実践を報告し改善することを目的にしているのではありません。また、実践を共有し、そこから解決する方法や道筋を導いているものでも、コミュニティを立ち上げるコツを教えるものでもありません。

　以下では、ラウンドテーブルが他のボトムアップ型研修と異なる点を述べます。

　1つ目は、ラウンドテーブルは授業実践のふり返りだけではなく、その人の教育観や社会的な問題、人生上の転機に関する問題などもふり返りの対象としています。例えば、参加者である教師が授業を行ってどうだったのかというふり返りもあれば、これまでの教師人生をふり返ることもあります。また、子育てと日本語教師の仕事の両立で考えたことをふり返ったり、海外におけるビジネス経験から日本語教育に目覚め、そこで考えたことを言葉にすることも、その対象としています。

　2つ目は、成人学習論を土台にして研修をデザインしているので、大人の特性である「自己決定性」や大人が持つ豊かな「学習資源」を尊重しています（詳細は第2章）。そのため、あらかじめ企画側が話し合うテーマや内容を決めることはありません。研修の当日に、語り手が事前に自分の実践から掘り起こして選んできたことをグループ内で語り、聴き手がそれを丁寧に聴き、ファシリテーターを中心にした双方のやりとりによって、語り手が語った文脈で混沌としていて未分化の状態であることやそのときの気持ちなどを言葉で紡ぎグループ内で共有していきます。語り手の語りを通して、聴き手自身もまた考えを深めていきます。このような相互的なやりとりを通して語り手の文脈に沿ったテーマが決定されていきます。グループ内の参加者はほとんど初対面ですが、ファシリテーターが参加者の教授経験や年齢、職位などは関係なく、対等に話し合うことができるような環境を整え、それぞれの考えや気づきが尊重され、信頼関係ができるように支えます。同時にファシリテーターはグループ全員に省察を促すための質問も行います。これ

らは、「大人は学びたい内容を自分で決める」という特性に基づいてデザインしているものです。

　3つ目は、当日、ふり返りがはじまり、課題や暗黙知になっていることを1つ1つ言葉にし、そこから気づきや意識の揺れが生じることを大人の学びとして捉えています。そのため、価値観をぶつけあったり、情報を共有して改善を目指したりすることは目的となっていません。グループ内では、そのときに考えたことやそのときの背景をゆっくりじっくり語る時間や環境が用意されています。そして、グループ内の全員が語り手の実践から省察を深めることに努めています。

　つまり、研修のゴールは課題を解決するのではなく、課題を協働で探求し、省察を深めることにあります。このプロセスの中で気づきや変容、意識の揺れが生じ、さらに実践と向き合い考えていくという姿勢を培う（省察的実践者の育成）ことを貫いています。

　成人学習論は日本では、すでに企業研修（中原・上本 2009）、看護分野（椙山 2013）、などに浸透してきています。日本語教育では、日本語教師教育を考える際に、ショーンや実践コミュニティ、組織学習の考え方が取り入れられてきましたが、ショーンの考えを引き継いだ成人学習論という側面から教師の支援や養成を行うことも大切だと考えます。

I-9　なぜ実践コミュニティが求められるのか

　では、協働型の教師研修にはどのような意義があるのでしょうか。

　第一に、多様な日本語学習者を対象とした場合に、他の教師やコミュニティと協働で行うことにより、対応の幅が広がることです。グローバル時代において、日本語学習者のニーズだけでなく、日本語教師の価値観や経験も多様化しています。日本語教師は、自分が置かれている立場や自分ができることの限界を認識し、異なる領域の専門家と協働し、様々な課題を乗り越えていくことが求められていくでしょう。例えば、日本国内の日本語教員と看

護師が協働で日本語プログラムに取り組んだり、外国籍の子どもの母語・日本語・教科学習の支援のために学校教員、日本語教師、親、地域の支援者、ボランティア等の協働に取り組むことがあるかもしれません。また、海外では、日本語母語話者と現地日本語教員（非母語話者日本語教師）が学習の指導や学習支援に協働で取り組んだりすること等が期待されます。協働で取り組むことによって、アイディアを創造したり、それぞれの足りない点を補完し合ったりすることも可能ですし、また、人と人をつなげることもできます。この可能性は無限だと考えられます。

　また、教師が研修で協働学習や参加型の体験をして、協働の考え方を身につければ、今度は自身の授業で協働学習をデザインすることにつながっていくこともあります。つながりの面から考えると、協働型の教師研修は、多様な学習者のニーズに対応していく横の広がりがあります。同時に、教師間で協働ができるようになれば、協働の学習観が教師から学習者にも伝わり、学習者も協働活動ができるようになると考えます。このように横だけではなく縦のつながりにある潜在的な協働学習の可能性も引き出されると考えます。

　第二は、教師としての成長が期待できる点です。一口に日本語教師と言っても「誰を対象に、どこで、何を教えているのか」によって、教師自身の経験もビリーフも異なります。このように様々な経験や価値観を持った教師同士が、教師研修を通して1つの課題に協働で取り組むことは、主体的な学びにつながります。また、教師が経験や様々な価値観の違いを認識し、取り上げた課題を解決するためには、教師同士は互いの価値観を尊重し、アイディアを共有したり、柔軟な態度を示すことが重要になります。この中で、葛藤や戸惑い、忍耐、反対意見を表明しなければならないことがあるでしょう。しかし、これらを乗り越えていくためには、省察しながら互いの考え方を調整し、複眼的な視点で捉えていく姿勢が重要になります。ラウンドテーブルにおいては、特に協働によって様々な点に気づいたり、エンパワーメントされることが多く見られます。したがって、他者と関わることによって、ふり返りを重ねる機会が多くなり、結果的に教師の成長につながると言えます。

　第三は、教師自身が社会的なつながりや人間関係を構築することです。課題に取り組むプロセスの中で自分の意見を調整したり、他者との関わり方を学びます。社会的な人間関係を構築する中での学びは、今後教師がネットワークを構築したり、協働プログラムを構築するうえで重要であり、個人だけではなく集団全体で成長すると言われています。また、目まぐるしく変化していく現代社会において、他者とのネットワークをつくりながら関係を構築する能力は、ますます求められていくでしょう。このような、「関係性を構築していく力」を育むことが教師の質の向上につながると考えます。

　これまで見てきたように、本研修は①省察的実践、②成人学習論、③実践コミュニティの考え方を土台にして展開しています。ただ、これらの考えをもとにラウンドテーブル型研修を立ち上げていくためには、上記の考えを理解し、実践を協働で探求していく姿勢が重要となります。次章では、これらの考え方や実践例などを紹介していきます。

注

1. 現在、北京外国語大学に所属する朱桂栄氏。

2. 実践や活動の流れの中で瞬時に生じては消えゆく束の間の探究としての思考のこと。この中の 1 つとして状況との対話が起こる（佐藤・秋田 2001）。

【理論編】

第2章

実践を省察するラウンドテーブル型
日本語教師研修を支える3つの考え方
―省察的実践、成人学習論、実践コミュニティ―

　本章では、実践を省察するラウンドテーブル型教師研修を支える考え方を見ていきます。本研修は様々な考え方や理論をもとに立ち上がった研修ですが、その考え方には大きく分けて「省察的実践」「成人学習論」「実践コミュニティ」の3つがあります。これらの考え方を紹介しつつ、本研修とのつながりを紐解いていきます。

2-1　省察的実践

　日本語教育の中では「教師の成長」というフレーズがよく聞かれますが、この考え方と「省察的実践」とはどのようなつながりがあるのでしょうか。また、どのように展開してきたのでしょうか。

　周知のとおり、80年代後半から90年代になると、日本語教育では多様な学習者のニーズに対応することが求められるようになりました。海外などの教育現場を含めると、国によって多少の異なりはありますが、教師中心で教えるだけでなく、学習者を主体として授業を展開する考え方が取り入れられるようになってきました。学習者を主体にさせるための1つの方法として、仲間と共に学び合う「協働」という考え方が着目されていきました。このような考え方は、ヌーナン（Nunan 1989）に拠るところが大きいといわれています。そして、学習者を中心とした授業を展開するために、グループ活動やピア活動、つまり「協働型学習」が取り入れられました。

　では、学習者ではなく、教師が自律的に学ぶためにはどのように支援をしたらよいのでしょうか。教師教育の中での協働という考え方は、上述した「教師の成長」や「省察的実践」の考えとともに発展してきたといえます。自律的・主体的な学習者の学びに関連して80年代になると、教師教育においても教師を学びの中心にする考え方が輪郭をなしてきました。これが、「省察的実践」という考え方につながっていきますが、ここまでにたどり着くまでのことをもう少し掘り下げて説明します。

　教育分野では、デューイが中心となり、「教師が知識を一方的に教えるだ

けでは十分ではない」、「経験や実践から学ぶことが重要である」という経験主義を唱えました。実践や経験の中から学び、そこから主体性を見出すことが重要だと述べたのです。この考えを吸収しながら引き継いだのが、ドナルド・ショーンです。ショーンは専門家の実践を観察しながら、「省察（内省）」の大切さを明確に打ち出し、「省察的実践」という考えをまとめました。

　デューイはふり返りを「理性的なプロセス」として説明しています。これに対して、ショーンは、ふり返りを非常に「不明確で直感的なもの」として考えています。ショーンが考えるふり返りの対象は、多様であり、暗黙の規範や認識についてふり返ることがあるとしています（ショーン 2007）。実践におけるパターンや考え方、また、パターン内で知らず知らずのうちに行っている方法や考え方も対象としています。そして、ある状況の中で得た感触や社会的な文脈の中での役割についても、ふり返ることがあると述べています。

　このように、ショーンのふり返りの考え方は、デューイの考えを引き継いでいるのですが、ある実践者が実践しながら瞬時に浮かんでは消えて湧き起こる考えだけでなく、実践後に、その実践についてふり返ることも対象としています。また、ふり返りが感情的だったり、反対に慎重に吟味される状況も対象としているため、さらに、広がりを見せ、深化していく点が特徴だと言えます。

　ショーンは、実践のプロセスをふり返る際、既存の理論や知識を用いるだけでは解決できない複雑な問題があることを指摘しています。これらの解決には、実践のプロセスがどのような状況にあったのかをふり返り、実践の知を生み出していくことが重要だとしています。ショーンはこのような実践家を「内省的（反省的）実践家」（ショーン 2007）という概念で説明し、「技術的な熟練」や「技術的合理性」を中心に考える専門家教育に対するアンチ・テーゼを示しました。

　専門家が技術を体得するためには、「理想とされる固定的な教え方があり、これを体得すること」が目指されていましたが、ショーンは「個人の経験や既有の知識をもとに複雑な現場や文脈と対話し、省察を繰り返すことから、

実践の知を創造すること」を重視しました。ショーンの考え方は、多様で複雑な実践と向き合う準専門職等（看護学、学校教育、ビジネス等）の間で広く普及し、第二言語教師教育の分野にも取り入れられていきました。そして、教師の成長のための協働アプローチ、協働による教師の探究へと展開していきました。また、ショーンは「省察的実践」の次に、『省察的実践者の教育』という著書の中で「組織学習」についても主張し、協働で省察を行うことを早くから見出していました。また，多様な背景を持つ専門家をどのように育てるかについて探求し、専門家である実践者が、「相互的に省察する場」を作ることや学び合うことを唱えました。そして、専門家を育成するためには「個人の省察から組織学習へ」つまり、コミュニティを作って学び合うことの重要性も示しました（ショーン 2017）。

　つまり、教師教育における「協働」や主体的な学びのはじまりは、実践や経験を大切にし、そこで学ぶ・学び合うことから展開してきたと言えます。

　日本の学校教育分野では佐藤学と秋田喜代美が、Schön の原書（Schön, D. (1983) *The Reflective Practitioner: How Professionals Think in Action.* Basic Books.）の一部を日本語に翻訳（抄訳）し、『専門家の知恵　反省的実践家は行為しながら考える』というタイトルで出版しました（佐藤・秋田 2001）。学校教育の教師教育分野では、これらに関係する研究が多く蓄積されており、「教師の成長」や「省察」というキーワードを検索すれば、多くの文献を見つけることができます。その後、柳沢昌一・三輪建二が Schön（1983）の原書（前掲）を全訳し、『省察的実践家とは何か─プロフェッショナルの行為と思考』というタイトルで出版しました。その結果、学校教育だけでなく社会教育分野においてもショーンの考え方が広がることとなり、現在まで多くの実践と研究が積み重ねられています。

2-1-1　日本語教師教育における省察的実践

　一方、日本語教育においては、Schön（1983）の原書（前掲）に基づき「内省的（反省的）実践者」という考え方を岡崎敏雄・岡崎眸（1990, 1997）が取り入れました。また、主体的に内省サイクルを教育実践で行う教師を「自己

研修型教師」(Nunan 1989, 岡崎・岡崎 1997) とし、自己研修型教師の育成の
必要性を主張し、その後、教育実習を中心に多くの実践研究が行われまし
た。

　岡崎・岡崎の考え方を具現化する実習として、「内省モデルに基づく日
本語教育実習」(お茶の水女子大学大学院日本語教育コース 2000 ～ 2005)
や、当該実習と教師の意思決定の関係や行為の中の省察を明らかにした池田
(2004a, b)、教師の意識の変容を明らかにした小熊・スニーラット (2001)、
実習生が記述した報告書から内省モデルに基づく実習の特徴を示した古市
(2004) 等、多くの研究が行われました。日本語教育実習以外にも、大河原
(2002) では、教師の内省に着目し、長期的に自己の教師経験が記述された
日記を対象に、内省の深まりを記述し、日記を書くことが教師の成長を促す
ことを実証しました。また、笠原・古川・文野 (1995) では、Wallace (1991)
の内省に対する考え方を教師研修に取り入れ、その成果を示しました。内省
のプロセスを重視するアクションリサーチの考えを取り入れた横溝 (2000)、
日本語教育実習にアクションリサーチを取り入れ、教育実習におけるアク
ションリサーチの可能性を報告した迫田 (2000) など、教師の内省に関する
研究が行われました。

　次に、日本語教師教育における教師の協働について見ていきます。金田・
小河原 (2004) では、Edge (1992) が示した「協働することでありもしない
客観性を追い求めたりすることなしに、自分中心の主観的な考え方から逃れ
ることができる」という考え方を報告しました。また、金田・小河原では、
仲間を持ち、仲間と共に成長することは、教師一人ひとりの成長を促すとと
もに、教師集団としての力だけではなく、日本語教育全体の成長に結びつく
ものであると述べ、このなかで上級者研修の意義を示しました。

　その後、協働型実習の準備期間の話し合いを横断的に分析した研究として
平野 (2007) があります。また、池田・ナイダン・劉 (2007) により、教師
の協働活動に焦点を当てた研究も行われるようになりました。当該研究で
は、実習生の長期間の内省レポートをデータとして、協働活動による社会
面の意識変容を分析し、協働活動による教師の成長が示されました。また、

飯野 (2017) は、教師のアイデンティティの変容を長期的に記述し、実践コミュニティの観点から教師の成長を明らかにしました。

　しかし、日本語教育実習で内省や協働を学んだとしても、現場の日本語教師や支援者等として働いた場合、短期間の教育実習で得た学びをうまく生かすことができないことがあります。また、同僚の教師との関係性がうまく取れなかったり、協働体制がなかなか取れない状況に陥ることもあります（牛窪 2014）。日本語教師が置かれた教育現場に立ち向かい、力量をつけていくための１つとして、日本語教師研修がありますが、その教師研修は、これまで、新しい教え方や知識を教えるタイプや体験中心で学ぶワークショップが多くを占めてきました。その後、多様な日本語学習者や多様な教育現場に対応する教師を対象として、自身の実践から学び合う教師研修も行われるようになり、池田・朱 (2017) によって、日本語教師教育の中に省察的実践の考えだけでなく、意識変容を軸とする成人学習論が必要であることが示されました。また、文化審議会国語分科会 (2018) の報告書１では、中堅日本語教師研修の在り方について「所属する機関・組織を越えて、日本語教育全般に対する視野を養うための実践課題持ち寄り型といった現場の課題に取り組む形式の研修」(p. 30) についても示されています。また、池田・尹・宇津木 (2022) は実践を協働で省察する学び合うコミュニティ型の教師研修からの学びと可能性を実証しました。

　林 (2006) は近年の研修のあり方について、学習者や教師の多様化、日本語教育に対するニーズにより、教師研修のタイプは「実践参加型研修へと、その目的も質も変わってきた」と述べており、従来の教師研修との違いを指摘しています。教師教育者や専門家が新しい知識や教え方等を伝授するタイプではなく、教師自身が実践や社会で得た内省に基づき、自律的に試行錯誤しながら教師仲間とともに学んでいく研修も重視されてきていることがわかります。

　これまでの流れをまとめますと、教師教育では、上述してきたショーンが唱えた省察的実践者という専門家教育の考え方が源となっており、実践を重視して、そこから、「互いに学び合う」ことへと展開してきたことがわかり

ます。そして、この考え方は本研修の重要な柱の1つとなっています。

2-1-2　ラウンドテーブルに生かされているショーンの考え方
(1) 課題の設定

三輪（2009）はショーンについて、以下のように言及しています。

> ショーンは大学の知は、医学や法学をもとにした、基礎科学─応用─実践への三種構造への知であり、大学で養成された専門職（プロフェッショナル）は、基礎理論や応用理論を適応して、問題を解決しようとする「技術的合理性」の枠組みを身に付けてしまっていると批判します。その上で、現実社会について、ただ理論を当てはめてよいとする「課題の解決」は、よりいっそう複雑で不安定化し、あいまいになっている現実について、何が問題であり、課題であるのかを明らかにする「課題の設定」そのものの関心が必要であると指摘した。　　　　（三輪 2009: 163）

ここで述べていることを、もう少し具体的に考えてみます。例えば、ある大学で医学を学んだ学生が、医学に関連する科目の基礎から応用までを6年間通して学び、これまで身につけた知識だけで、医療の現場で生じている問題や患者の病状に対応しようとしたとしましょう。これは、「技術的合理性」の枠組みから問題解決にあたるということになります。しかし、ショーンは、「技術的合理性」や問題解決に偏ることに疑義を唱えています。上の例で言えば、実際の医療現場においては、理論を当てはめて解決できないことや、曖昧になっていて、可視化できない現象があることを述べているのだと思います。ショーンは、理論よりも複雑な現場に埋もれている課題を問題化していくことのほうがむしろ、実践で奮闘する専門家にとっては重要だと考えたのです。

それでは、日本語教師に引きつけて「技術的合理性」について考えてみましょう。日本語教師を目指す場合、日本語教師養成講座で420時間を修了するか、日本語教育能力検定試験に合格することが条件としてあげられるこ

とが多く見られます。

　日本語教育の対象者は、以前は大学進学を目的とする学習者が中心でしたが、1990 年代ぐらいから、日系人、日本人の配偶者、帰国児童・生徒、技能実習生、IT 技術者、看護師候補生・介護福祉士候補生など、学習者の多様化が進んできています（山内 2019）。これに伴い日本語の教え方も変化を求められてきました。例えば、進学目的の学習者には初級学習者向けのテキスト『みんなの日本語』を使用して文型積み上げ式で、教師が主導して教えられてきました。しかし、ある日突然、学校の方針でピアラーニングのように学習者同士が互いに協力しながら学び合う学習方法が採用され、困惑する教師や、看護師候補生・介護福祉士候補生に日本語を教えることが求められるようになった教師もいるでしょう。つまり、養成講座や検定試験対策で学んだこと以上に、多様な視点が必要とされます。このような状況下にある日本語教師が教師研修で求めるものは、現場の問題を解決してくれる「技術的合理性」ではないでしょうか。つまり、「技術的合理性」とは、効率的なものであり、マニュアルに通じるものだと言えます。

　上述した課題設定の考え方を、今度は教師研修に引きつけて考えてみると、コーディネーターや教師教育者は日本語教師研修を企画し、参加者主体で学び合えるような内容にするのですが、学ぶべき課題やテーマの多くは、コーディネーターや企画者によって、あらかじめ決められています。例えば、ワークショップやテーマが決められたディスカッションによる研修で、参加者は体験しながら新しい考え等を学びますが、あくまでも与えられた課題の解決策を見出すことや、新しい考え方の方法を身につけることを目指しています（ただし、この中で省察的なことをプログラムに含むことも見られます）。

　一方、ラウンドテーブル型研修では、上記のショーンの考え方を土台にしているため、グループの学習において、課題があらかじめ決められているということはありません。参加者の中の語り手が、自身の実践を開催の当日に、レジュメとしてグループ内で提示し、それをもとに実践を語り・聴き、そして協働でふり返るという活動を行います。その実践の背後にある様々な

葛藤に聴き手が寄り添い、グループの参加者とともに、実践を行った瞬間、瞬間の心情や考えをあぶり出し、相互決定的に問題を設定していくことを大切にしています。

（2）暗黙知の明示化

　先にも述べたとおり、実践知は実践の背後にあって言語化されていない知であり、暗黙知は言語の背後にあって、言語化されていない知のことです（三輪 2009）。また、三輪（2009）では、Schön（1983）の考えに倣って、おとなはその場、その場で実践知や暗黙知を用いて対応していることや実践の中で瞬時に省察しながら応じていることを大切にするとしています。また、学びの中で暗黙知や技を言葉に出していくことは重要だと述べています。

　例えば、ラウンドテーブルの参加者の語り手に、これまでの自身の実践を掘り起こしてもらい、それをラウンドテーブルで語ってもらいます。このような実践に対して、どのように対応してきたのか、そのときに考えたことを言葉にしてもらうことがあります。そうすることによって、暗黙知や実践知が言語化されていくことがあります。語り手の中で直感的だったことを明示化すること、また、このプロセスを通して、様々な視点に気づくことも見られます。そのため、ラウンドテーブルでは、語り手が上手に語ることができなくても、沈黙が続いても、考えながらたどたどしい言葉でつなぐことがあっても、グループ内の参加者は、語り手から出てくる言葉を真摯に受け止め、語り手がじっくり、ゆっくり、たっぷり語れる環境を整えるように努めています。

　ベトナムでラウンドテーブルを開催したときのことです。あるグループで語り手Aさんが準備してきたレジュメがありましたが、Aさんがグループ内でゆっくりと語っていくうちに、レジュメとはまったく違う内容になってしまっていた、ということがありました。通常の研究会や学会では、あり得ないことですが、「Aさんの意識の裏に潜んでいたことが引き出された」ことを、ファシリテーターや聴き手は肯定的に受け止めました。そして、レ

ジュメとまったく異なる内容でしたが、それをもとに、グループ内で実践を
深めていくことをしたというケースがあります。

　以上のような例からもわかるように、作成してきたレジュメを学会や研究
会のように、プレゼンテーションをするのではありません。実践の省察を深
めていくうちに、暗黙知や実践知がどんどん言語化され、その結果、レジュ
メの内容とはかけ離れたことが語られることもあります。しかし、実践を行
いながら考えたことが湧き出てくることは、ラウンドテーブルの目指すところ
でもありますので、むしろ奨励しています。そして、ファシリテーターはこの
ような状況に柔軟に対応し、参加者の学びが深まるように支援しています。

2-2　成人学習論

2-2-1　大人とは

　ところでみなさんは、大人をどのように捉えていますか。また、成人とは
何歳からのことを言いますか。筆者はある授業で成人学習の講義をしたと
き、学生から、「ここでいう成人学習というのは、何歳からですか」という
質問を受けました。単純な質問でしたが、即答することができませんでし
た。そして、しばらく考えてみましたが、妥当な答えが見つかりません。も
ちろん、成人の年齢は国によって法律で定められているため、それぞれ異な
ります。しかし、法律という視点で捉えることが妥当かどうかは疑問が残り
ます。精神的・肉体的発達、経験などは、同じ20歳であっても個人差があ
ります。これらを考慮すると、「成人学習者」をはっきりと線を引いて区別
することは難しいのではないでしょうか。三輪（2009）では、成人・成人学
習の年齢について以下のように考えを示しています。

　　　成人、おとなとは、みずからの文化やサブカルチャーの中での成人期の
　　　社会的役割を引き受けるようになった者と定義することができる。おと
　　　なを定義することにおいては、何歳かという意味での年齢はほとんど意

味を持たない。法律上の定義を考えてみても、おとなとされる年齢には
かなりの違いがある。しかし、社会的な意味で自立しているとか「成長
した」状態の場合には、私たちはその人をおとなと呼ぶことに違和感を
感じない。次に、かなり伝統的な方法で学習を定義すると、学習とは、
経験によってもたらされる思考、価値観、態度の継続的な変化である。
したがって、成人教育とは、＜思考、価値観、態度の変化につながるお
となの一連の活動もしくは経験＞と言うことになる。（三輪 2009: 29）

　このようなことから、「成人学習者とは、20歳前後であり、しかも社会的
に自立しており、長い経験の中で培った独自の価値観や前提を持つ人」とい
うイメージが浮き上がってきます。では、このような共通認識をもとに成人
学習論について見ていきます。

2-2-2　なぜ、日本語教育に成人学習論が必要か
　ラウンドテーブルには、いろいろな理論や考え方が背景にありますが、先
にも述べたように成人学習論は重要な柱の1つです。
　日本語教育の中で「成人学習論」という考え方は、あまり馴染みがないか
もしれませんが、成人学習はアメリカの大学では「adult learning」と言われ、
学問分野として確立されています。日本では一般的には18歳から22歳まで
が大学生であることが多いのですが、アメリカでは必ずしもそうではなく、
30歳や40歳の人も大学生であり、年齢層に幅があります。おとなの学びは
まさに自分たち（学生）の学びに直結しており、学生たちの意識や関心が高
いと言われています。では、成人学習、つまり、おとなの学びという考え
方はどのようにできあがり、どのような特徴やメカニズムを持っているので
しょうか。ここでは、本研修に関係する考え方を取り上げて見ていきます。
　その前に、そもそも、なぜ日本語教育に「成人学習論」という考え方が必
要なのでしょうか。その1つは、日本語教師や日本語教育関係者の多くは
成人（「おとな」）だからです。そのため、研修を行うときには、おとなの学
びの特徴をよく理解し、その特徴に寄り添いながら教師教育や研修をデザイ

ンしたり、教師を支えることが大切だと考えます。

2つ目は、自己研修型教師（岡崎・岡崎1990）やアクション・リサーチ（横溝2000）の考え方に加えて、生涯を通して長期継続的に意識の変容学習を支えていく必要があるためです。おとなの学びでは、実践の省察やふり返りと新知識や技術を学ぶだけでなく、価値観や生き方を丁寧にふり返ることを内に含んだ学びが示されています。授業を行って、ふり返るだけではなく、長期的な流れの中で自分の学びを見ていくという視点を大切にしています。

3つ目は、激動の社会の中で多様な役割を持つ日本語教師を支え、学びを育むためには、組織学習[1]やコミュニティをつなげていくことが有効だからです。また、教師を支援し続けることも大切です。

このように成人を支援していく人たち、すなわち成人の学習支援者や成人教育者とはどのような人々でしょうか。三輪（2009）では、成人の学習支援者や成人教育者について、以下のように定義づけています。

> 人々の学習活動を「教える」「引き出す」「問い直す」など、何らかの役割をもって支援する人、あるいは、学習者が主体的・自己決定的に学習を展開することを支えていく力量をもつ人が成人教育者であり、成人の学習支援者である。
> 　　　　　　　　　　　　　　　　　　　　　　　　（三輪2009: 173）

ここでは、このような定義に基づいて成人学習について、述べていきます。

2-2-3　成人学習論の土台となる考え方

成人教育のはじまりは、多くの理論や考え方が1つの束になってできあがったようなイメージです。例えば、デューイ（Dewey）の経験を大切にする考え方、ショーン（Schön）の唱えた内省的（省察的）実践家、ロジャーズらのエンパワーメントの考え方（Rogers & Freiberg 1969）、マズローの個人を尊重する考え方（Maslow 1970）、フレイレの批判的理論の考え方（Freire 1971）などがこの中に含まれています。

　E・リンデマンはこれらの考え方を 1 つにまとめ、その後、成人学習の重要な概念である「アンドラゴジー」という用語や考えをはじめて打ち出しました（アンドラゴジーについては後述）。その後、マルカム・ノールズは E・リンデマンの著書に基づいて、成人教育を科学的な学問として定義づけ、その後の成人教育実践の道筋をつくり、成人教育を学問として確立させていきました。

　ここからは主に 3 人の人物（ノールズと、ノールズから大きな影響をうけたメジロー、クラントン）を紹介しながら成人学習の考え方を見ていきます。

①ノールズ：アンドラゴジーの 6 つの要件

　マルカム・ノールズはボストン、デトロイト、シカゴの YMCA で成人教育の実践を重ねました。その経験を踏まえて、1960 年代に急速に発展した臨床心理学、発達心理学、老年学、社会学、人類学の諸成果をもとに、アンドラゴジー（andragogy）の考え方を提唱しました。アンドラゴジーとは、ペダゴジー（pedagogy）に対してノールズが使った言葉です。

　ノールズは、「大人の学習を援助する技術と科学」をアンドラゴジーと名付け、「子どもを教える技術と科学」をペダゴジーと名付け、それぞれのモデルを対比して示しました。以下の**表 2-1** に示します。

表2-1　ペダゴジー・モデルとアンドラゴジー・モデル

要素	ペダゴジー	アンドラゴジー
学習者の概念	依存的なパーソナリティ	自己決定性の増大
学習者の経験の役割	学習資源として活用されるよりは、むしろその上に積み上げられるもの	自己および他者による学習にとっての豊かな学習資源（として活用される）
学習へのレディネス	年齢段階―カリキュラムによって画一的	生活上の課題や問題から芽生えるもの
学習への方向づけ	教科中心的	課題・問題中心的
動機づけ	外部からの賞罰による	内的な誘因、好奇心

（ノールズ 2002: 513、（　）内は筆者が加筆）

　ペダゴジーは、子どもの指導に対する教育学で、「教える（teaching）」モデルであるとしています。例えば、新しい知識や経験を教える教育を示しています。一方、アンドラゴジーはおとなの学習に対する教育学です。おとなはすでに経験や知識が豊富であるため、「自ら学ぶことを援助することで学びを促す、あるいは支える（helping（to）learn）」モデルと捉えられています。

　また、ノールズは、おとなの学びを支えるために、アンドラゴジーの6つの要件を打ち出しました。**表2-2**の6つの要件は、おとなの学びを支えるうえで重要なポイントでもあり、特徴でもあります。

表2-2　アンドラゴジーの6つの要件

1.	知る必要性
2.	自己決定性の増大
3.	学習資源としての経験
4.	学習へのレディネス
5.	学習への方向付け
6.	学習の動機づけ

　例えば、おとなの学習者を支援する場合には、人間はおとなになるにつれて「自己決定的」になるという特性を踏まえ、研修プログラムでは、参加者の自己決定性が拡大していくようにデザインすることを重視します。おとなは自分が学びたいものについては自分で決める傾向があります。一方で、子どものように前もって決められたテーマや教材を学び、依存的に学ぶこともあります。

　一般的に教師研修では、話すテーマや事例をもとに学ぶことが多く見られますが、ラウンドテーブルでは、おとなの学びの特徴である「自己決定性」を大切にしているため、企画者がテーマや学ぶ内容を決めることはありません。語り手が語った内容と聴き手が聴き取ったことをもとにやりとりを行い、そこから相互決定的に省察を深め、お互いに学びあうため、学ぶ内容が何になるのかについては、そのときにならないとわかりません。このような方法に、初めて参加した人は、戸惑うこともあります。また、おとながこれまで経験した豊かな経験を学習資源（リソース）としていますので、ここでは教科書や教材ではなく、むしろ自身の経験そのものを出発点として学習を始めます。

　しかし、ノールズの考え方は、後に、「子どもにおいても6つの要件は当てはまるものであり、必ずしもおとなの学びだけではない」と批判されていきます。また、ペダゴジーとアンドラゴジーを様々な事例に当てはめてみ

て、必ずしも**表 2-1** のように区別することができないことも指摘されました。そのためノールズは、子どもの学びとおとなの学びを明確に区別するのではなく、柔軟な態度をとるようになっていきました。

②メジロー：意識変容の学習

次に、成人学習論の中で重要な考えである「意識変容の学習」を唱えた、ジャック・メジローについて紹介します。メジローはアメリカの教育学者であり、成人学習やアンドラゴジーを先に進ませた研究者の一人として評価されています。メジローは、意識変容の学習（transformative learning）に関する理論的基礎を築きました（意識変容の学習のメカニズムについては、46ページ**図 2-2** を参照）。

メジローは、ノールズのおとなの学びの中心部分を引き継いで、おとなの学びでは「単に学習者の経験を受け入れて資源とするのではなく、経験や経験のもとになる前提、経験についての個人の解釈を批判的に検討すること」（クラントン 1999: 26）を促進しようとしました。この中で、価値観や信念が問い直され、自己概念が脅かされると述べています。

このように述べたのは、ショーンの省察的実践の考えを織り込んで、おとなの学びを意識変容として立ち上げ、さらに前提や価値観のメカニズムを図式化したためだと考えられます。これによりおとなの学びの考えを前進させたのです。この図式によって、おとなの学びの一端を可視化したり、動的に説明することを試みたと言えるでしょう。

③クラントン：おとなと子どもの学びの考え方

ここからは、メジローの考えを引き継いだパトリシア・クラントンについて紹介します。カナダ出身の成人教育者クラントンは、カナダやアメリカの大学に所属しつつ、成人教育実践と研究を進めました。クラントンは、メジローが提唱した意識変容の学習理論を道具やマニュアルとして活用しようとするのではなく、実践的に理解しました。そのため、メジローの意識変容の学習についての理論を精緻化したり発展させたりすることを目的にするので

はないという立場をとりました（渋江 2012）。これについて渋江は、以下のように述べています。

> クラントンは、メジローの意識変容の学習理論を基礎に、自ら取り組んできた実践と照らし合わせながら、意識変容の学習を描き出している。自分の実践を通して吟味したもの、編み出したものとして提起している側面がある。そして、重要なことは、クラントン自身が自分の実践をふり返り、実践の理論をつくってきた経験をもとに追究しているところである。先行する理論を当てはめる能力開発ではないことである。
>
> （渋江 2012: 9）

　クラントンの主張の中で、おとなと子どもの違いについて示した興味深い考え方があります。クラントンは、おとなに対する教育と子どもに対する教育の根本的な違いの 1 つとして、以下の記述があります。

> 子どもは、形を作っていく（forming）のに対して、
> おとなは形を変えていく＝変容していく（transforming）
>
> （クラントン 1999: 203）

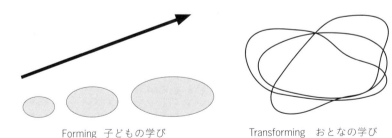

Forming　子どもの学び　　　　　Transforming　おとなの学び

図 2-1　子どもの学びとおとなの学びのイメージ
（クラントンの記述をもとに筆者が作成）

図 2-1 は、それぞれのイメージを図に示したものです。クラントンによる

と、子どもの学びは、左図のように、最初は小さい前提や価値観が、年齢と
ともに知識や経験が増え、どんどん形が大きくなっていくことを示していま
す。一方、おとなの学びは、右図のように、すでに豊かな経験などによって
できあがった前提や価値観があり、それが様々な刺激や新しい考えに出会う
ことによって、形を変えていくというものです。この形の変化は大きく揺ら
ぐこともあれば、小さく変わることもあります。

　上述したノールズは、おとなと子どもの教育を二項対立で考えたことに
よって他の研究者から非難を浴びましたが、後に高い評価を受けるようにな
りました。ノールズの偉業は、これまではっきりと体系化されていなかった
「おとなの学びの特徴」を少しずつ輪郭づけていったことです。クラントン
もここではおとなと子どもに分けて考えていますが、子どもが形をつくって
できあがった価値観の延長線上に、おとなの価値観や変容があるというスタ
ンスを取っています。

2-2-4　批判的ふり返り

　クラントンは、意識変容の学習について以下のように定義しました。

> 自己を批判的にふり返ろうとするプロセスであり、私たちの世界観の基
> 礎をなす前提や価値観を問い直すプロセスである。

（クラントン 1999: 204）

　この定義のとおり、批判的ふり返りは大人の学びに欠かせないものです。
そしてその「しかけ」を作っていくためには批判的にふり返る場が大切で
す。

　クラントンは「批判的にふり返る」という意味を、否定的にふり返ると
いうことを意味するのではなく、「徹底的に丁寧にふり返る」という意味で
使っています。クラントンは学習者が主体的に展開していく学習では様々な
方面から影響を受けた結果、かたくなになってしまった経験や価値観が学習
の妨げになることがあるとし、経験や価値観そのものの変容が、学習プロセ

スの中で必要だと考えました。そのために、徹底して丁寧にふり返ることを重視しました。

　このようなプロセスの中で、自分がこだわる「パースペクティブ」（ものの見方や方向性）や「価値観」（その人が受け入れている社会的原理）に気づくことから始まり、価値観を生み出している「前提」（当然と考えていること）を省察しながら、新たな価値観を受け入れ、統合していくプロセスを示しました。さらに、クラントンは意識の性質を捉えて、「真のニーズの意識変容は、あくまでも本人が進めていく必要があり、性急な変容を求めてはならない」ということも主張しました。

　大変興味深いこととして、クラントン（1999）は、意識変容の学習は、成人の学習者や生涯学習のすべてに当てはめるということはできないこと、そして、おとなの学びのすべてにおいて求められるわけではなく、フォーマルな学習場面でのみ展開されるものでもないと述べています。また、様々な人生上の危機を経験して学習を開始する人に適していることも加えています。

2-2-5　ラウンドテーブルに生かされているメジローの考え方：3種のふり返り

　ここでは、メジロー（2010）が示した3種のふり返りについて見ていきます。

①内容のふり返り

　例えば、授業後に学習者が積極的に参加していないことや、学習に対する動機が低いと（教師が）感じた場合、学習者の態度と教える方法を結びつけて考え、その結果、グループワークを取り入れたり、視聴覚教材を充実させたりするような試みが行われるようなことです。また、日本語教育では、授業を行った後に教師が、何がよかったのか、よくなかったのかをふり返ることがあると思います。このようなふり返りは内容のふり返りになります。

②プロセスのふり返り

　問題解決のために実践のプロセスをふり返ることです。例えば、学習者から意見をうまく引き出すことができなかった場合に、授業内容や授業に至るまでの準備などをふり返ったりして、どうすればよいか、その対策を講じることなどです。

③前提のふり返り

　ここでいう「前提」は、日本語の「あるものごとが成り立つための前置きとなる条件」、例えば、結婚を前提として付き合うという意味ではありません。当然だと考えていることや、その人の「価値観」や「信念」という意味に近いものです。

　「ふり返り」とは、なぜ、そのように行動しているのかについて考えるものです。「そもそも、教師は学生を動機づけることができるのだろうか」、「動機づけは妥当性のある概念なのか」というように、前提のふり返りでは、問題の背後にある前提、信念、価値観が問い直されています。問題の解決とは別に、このプロセスは意識変容の学習につながる可能性があります。

　メジロー（2010）では、授業以外にも「そもそもなぜ女性は晩ご飯を作るのか」という、問題自体の妥当性を問い直すことと述べています。

　メジローは、「前提のふり返り」を最も重視していますが、クラントン（2004）もまた、「前提のふり返り」とは、「前提の背後にある前提、信念、価値観が問い直される」批判的なふり返りであると述べています。

　ラウンドテーブルでは、メジローやクラントンが示した、前提のふり返りや批判的ふり返りが展開されるように心がけているため、単発的な研修ではなく継続的に行っています。例えば、上海では毎年、同じ場所で企画、開催を行っており、リピーターが多くなってきています。初回のラウンドテーブルでは実践の報告だけで終わってしまったという参加者が、継続的に行うことによって、批判的ふり返りができるようになった事例もあります。また、時間どおりに進めていくというよりは、大人の学びや価値観を尊重しながら進めていきます。

2-2-6　意識変容の学習プロセス

　以下の**図2-2**はクラントンの意識変容の学習プロセスを図式化したものです。クラントン（1999）は、意識変容の学習とその理論的知識については、メジローによって詳しく説明されているとし、**図2-2**を作成し、具体例をあげて意識変容の学習のプロセスを説明しました。そして、このプロセスは一人ひとり異なっているとしました。

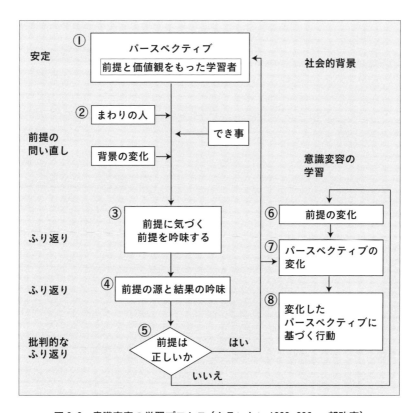

図2-2　意識変容の学習プロセス（クラントン1999: 206, 一部改変）

　この図は、意識変容の学習プロセスをわかりやすく図示しているため、イメージが伝わりやすい一方、型にはめて理解されてしまうのではないか、つ

まり形骸化されることをクラントンは懸念しています。人の意識変容はそれほど簡単なものではなく、このプロセスを行ったり来たりすることもあれば、途中で止まることもあるからです。

　以下ではクラントン（1999）が示した**図2-2**の中にある①〜⑧について、例をあげながら紐解いていきます。

①安定：前提と価値観を持った学習者　パースペクティブ

　先に述べたように、おとなの学習者は豊かな経験に裏打ちされた価値観を持っています。そして、その前提や価値観は、これまでの知識や経験とともにできあがったものなので、ある人の中で1つの形となり、安定しています。

　ここでは、「共働きの女性が晩ご飯を作ること」について、どのように意識変容の学習プロセスが展開されるのかについて、例をあげて見ていきます。Aさん（40代）は、夫と子ども二人の4人家族です。Aさんはどんなに忙しくても、また、体調がすぐれないときでも、晩ご飯は、女性である自分がすべて作るものだと思い、それが当然だと考えてきました。そして、家族のために晩ご飯を作ることを優先してきました。そのため、夜遅く帰る夫の助けを、ほとんど借りずに、仕事と子育ての両立をしてきました。友人と夜遊びに行くときは、必ず家族のために晩ご飯を作ってから出かけていました。そして、このような自分の役割を当然のことだと考えていました。ここでいう、「当然だと思っていること」は、Aさんの前提や価値観になります。

②前提の問い直し：まわりの人・でき事・背景の変化

　おとなの学習者が、周りの人から新しい情報を得たり、新しいでき事に出合ったり、自身の環境が変化した場合などが、この段階②にあたります。これまで自分が信じていた前提や価値観が周りの人から刺激を受けて、前提の問い直しが始まることがあります。

　Aさんは、高校の同窓会で何年かぶりに友人Bさんに再会しました。Bさんと話していくうちに、Bさんも共働きで、毎日、仕事と家庭の両立に奮

闘していることがわかりました。Ｂさんは家庭における女性の役割について、柔軟に捉えている様子でした。例えば、晩ご飯についてＢさんは、週のうちの２～３回は自分で作りますが、その他の日は、お弁当や外食、バイク宅配便による食事などで済ましているようでした。そうすることによって、ストレスを抱えることがなくなると言っていました。また、Ｂさんは、自分の時間を効率的に使っているようでした。Ａさんは、Ｂさんの考えを聞いて、「なるほど」と思うようになりました。

　時は流れて数年後、Ａさんは、ご主人の転勤によって、夫婦でシンガポールに滞在することになりました。シンガポールで出会ったＣさん（40代女性）は、共働きで家庭を持って働いていますが、お手伝いさんやベビーシッターを雇っていました。Ｃさんによると、シンガポールでは、女性は男性と同等に働くことが多く、共働き家庭も多いため、これらをアウトソーシングすることは珍しくないということでした。ＡさんはＣさんと話しているうちに、Ｃさんの生活スタイルを羨ましく思ったようです。Ａさんのように、周りの人の刺激や自分の環境の変化により、新しい価値観に出会うこともあるでしょう。このような刺激により、これまで当然だと思っていたことについて、「なぜ、私は毎日、晩ご飯を作っているのか」という、問い直しが始まります。そのような段階が②になります。

③ふり返り：前提に気づく　前提を吟味する

　おとなの学習者が新しい前提・価値観に出会うことによって、これまで自分が持っていた前提や価値観に気づいたり、前提や価値観を様々な角度から吟味することが始まります。これは、ふり返りとともに生じてきます。

　Ａさんは、同級生のＢさんの晩ご飯の考え方を聞いて、最初は驚きと困惑、納得、葛藤などが生じ、複雑な気持ちになったと推察されます。そして「なぜ、私は毎日、晩ご飯を作っているのか」と考えるようになり、今まで、「晩ご飯はすべて自分の手作りであるべきだ」という考え（前提や価値観）を持っていたことに気づきます。また、この価値観について、様々な角度から考えます。Ｂさんの考えや他国の情報（Ｃさんの情報）と照合しながら、自

分の前提や価値観について、じっくりと考えます。このような段階は③になります。

④ふり返り：前提の源と結果の吟味

　これまで自分が持っていた前提・価値観の源と結果の吟味をします。いつから自分の前提や価値観が始まったのか、その源を追跡したうえで、さらに吟味する段階です。

　例えば、Aさんがこれまで自分が持っていた前提や価値観に気づき、この考えは、いつから自分に備わったのかについてふり返ることなどです。前提や価値観は、その人の幼少期の様々な経験の積み重ねによってできあがったことが多いので、記憶にないこともあるでしょう。むしろ、無意識にできあがったことのほうが多いかもしれません。Aさんは、過去をふり返るうちに、母親の料理に対する姿勢や、Aさんの育った家庭環境や家庭の中の母の役割が蘇ってきました。Aさんの母は仕事を持ちながらも、Aさんの幼少のときから、晩ご飯をすべて作ってきたこと、家族の中で、母はいつも控えめで、家族に尽くしていたこと等も浮かんできました。Aさんはそんな家庭で育てられ、母の姿が自分に知らず知らずのうちに投影されてきたのではないかと考えるようになりました。そして、自分の前提の始まりやその周りの環境をふり返りました。また、今の自分の生活や環境は昔と同じなのか、昔の母親のような役割を本当に今も自分の家庭で求められているのか、について考え始めました。前提や価値観の源をたどり、それを明らかにし、吟味している段階が④と言えます。

⑤批判的なふり返り：前提は正しいか
●「はい」の場合

　これまで持っていた前提・価値観が正しいと判断した場合、「はい」の矢印の方向に進み、最初の安定したゾーン（①）に戻ります。

　Aさんの例でいえば、Aさんは様々な考えや情報から刺激を受け、自分の過去や前提や価値観の始まりについても、問い直しを行いますが、それで

も、やはり自分の考え（前提・価値観）は正しいと判断した場合です。その場合、最初の①に戻ります。フロー上は①に戻りますが、だからと言って、まったく意識変容の学習をしなかったのではありません。前提や価値観の形が一旦変わり、元の形に戻ったという学習をしたと言えます。

● 「いいえ」の場合

　これまで持っていた前提・価値観が正しくないと判断された場合、「いいえ」の矢印の方向に進み、前提の変化へと移っていきます。

　Aさんは様々な考えや情報から刺激を受け、自分の過去や前提や価値観の始まりについても問い直しを行いました。その結果、自分の考え（前提・価値観）は正しくない、このまま受け入れないほうがよいと判断した場合です。その場合、次の段階の⑥「前提の変化」に移ります。

　この段階では、批判的なふり返り（何度もじっくりと徹底してふり返ること）が必要となります。

⑥前提の変化

　この段階では、自分のこれまで培ってきた前提や価値観が揺さぶられ、変化していきます。自分が持っていた前提から解放され、新しい前提・価値観を受け入れようとする段階になります。

　このときに、これまでの前提や価値観から解き放たれて、納得することもありますが、一方で辛いこともあります（詳細は53ページ）。メジローやクラントンは、1つの考えから解放されるということだけでなく、もう少し長期的に学びのプロセスを捉えているといえます。

　Aさんの例でいえば、Aさんがこれまで中心に据えていた「晩ご飯はすべて自分の手作りであるべきだ」という考えから解放されて、外食や中食、バイク便などを取り入れていくという考えを受け入れた場合です。このような段階は⑥「前提の変化」です。

⑦パースペクティブの変化

新しい価値観を受け入れることによって、パースペクティブ（見通し）が変化していきます。

⑧変化したパースペクティブに基づく行動

新しい見通しや前提・価値観に基づく行動が生じます。頭の中で考えるだけでなく、行動を伴うようになると意識の変容の学習が明らかに生じたと判断されます。

Aさんの例でいえば、Aさんが、ある日、晩ご飯に対する今後の体制を家族に説明し、分担制にすることについて理解してもらい、実際に行動に移していくことなどです。また、晩ご飯の数回を中食、外食などに実際に切り替えていくことなどもこれに値します。このような段階は、⑧になります。ここでは、晩ご飯を巡る女性の役割について取り上げましたが、他の例も当てはめることができます[2]。

●図の解釈で留意すること：2点

以上のように、一連の意識変容の学習プロセスについて、Aさんの例をあげながら見てきました。さらに、この図を解釈するうえで留意したいことを述べます。

1つ目は、意識変容の学習は、必ずしも図で示されたフロー通りに流れるわけではありません。フローの途中から始まって、途中で終わることもあります。例えば、ある人の中で「前提の源と結果の吟味」が突然始まって、「パースペクティブの変化」にまで移りますが、そこから先の行動に移らない場合もあります。

一方で、急激に「パースペクティブの変化」が生じ、即時に行動に移る場合もあります。クラントン（2006）によると、おとなの学習者が「危機的な場合に直面した時」に起こると言われています。例えば、日本語教師Zさんは、コロナ禍以前に、遠隔授業を取り入れることについて、多くのメリットがあることを理解していました。しかし、自分で遠隔授業に必要な機材を

揃えたり、自ら ICT³ について学ぶことについて、それほど意味があると考えていなかったようです。そのため、何かの理由をつけて、遠隔授業を取り入れることをしてきませんでした。しかし、コロナ禍により、対面授業ができない状況が長期化し、また、オンラインやハイブリッド授業ができなければ、職場で生き残れないこともわかり、ICT について必死に学び、遠隔授業を克服しました。これは、Ｚさんが環境の変化と危機的な状況に直面し、行動を強いられたからだと言っていいでしょう。また、行動を起こすことによって、新しい前提や価値観に気づいていった可能性があります。おとなが意識変容を起こすことは、基本的には難しく、ゆっくり時間をかけて長期的に変容していくことが多いと考えられていますが、突然の変容も意識変容の学習の 1 つです。以上のように変容には、様々な変容の仕方やプロセスがあると言えます。

　2 つ目は、おとなの学習者はしっかりとした前提や価値観を持っているので、意識変容の学習において、痛みや難しさを伴うということです。これまで培った経験による前提や価値観はかたくなになっていることが多いと考えられます。それはどうしてでしょうか。前提や価値観は、その人の長い時間をかけて学んだことや豊かな経験が詰まっています。また、経験の積み重ねによって生じた自信やプライドも含んでいるからです。そのため、おとなの学習者が前提や価値観を問い直していくことや、新しい考えを受け入れていくことは、そう簡単なことではありません。ある意味でおとなの学びは、これが「障害」になることもあります。

　では、かたくなになった前提や価値観を、どのように揺るがしていくことができるでしょうか。ここで、①自分のすべてを尊重してくれる環境に身を置くことや、②仲間と共に安心してふり返る環境、③何度も継続して参加できる環境が、とても大切になってきます。このような環境の中で、「批判的ふり返り」を進めていけば、前提が変化してくるかもしれません。このように、大人の学びには、「前提や価値観をほぐす環境」が必要となります。ラウンドテーブルでは、おとなの学びの特徴を土台として、研修の手順や環境を整えています。大人の学びは大きく揺れることもあれば、あまり揺れない

こともあります。どちらも意味があることですし、そのような揺れや変容を続けることが大切です。少しも揺れない、変容しない場合は、化石化している状態、つまり、学びが見られない状態だと言えるからです。

2-2-7 成人学習における実践コミュニティと組織学習

ショーンは省察的実践という考え方をまとめ、その次に組織学習への道筋を築いたことを紹介しました。また、成人学習論の中でもコミュニティや協働という考え方が重視されていきました。以下では、三輪（2009）らの考え方を示します。

三輪（2009）は、大人が学ぶことについて、単なるかけ声や理念としてではなく、地に足の着いた理論と実践をつくりあげることが重要だという考えを示しました。そして、三輪（2009）はドイツ、アメリカ、カナダなど、欧米の理論を拡充しながら、日本の実態に合った成人学習論と実践の取り組みについて述べました。その中で、①省察は個人でふり返ると言うよりも、グループでの学習や他者と共に協働的に学ぶ立場に立ちたい、②学びあうコミュニティや実践コミュニティとして、学習者が組み込まれている団体や組織改革することを期待している、と示しました。つまり、三輪が「個人で行う学習からコミュニティで学び合う学習への移行の必要性を示していることがわかります。本研修は立ち上げ時に、三輪らの協力を得ましたが、その後は、海外および国内の日本語教育機関に合致するように、研究会のメンバーと現地スタッフと対話を重ね、毎回調整しながらコミュニティをつくりあげてきました。これらの実践からも「学び合うコミュニティ」の考えは大切だと考えます。

2-3 実践コミュニティ

ここからは、3つ目の柱である実践コミュニティや協働の考え方について見ていきます。上述したように、教師教育における協働の考え方は、ショー

ンの省察や組織学習の中で取り入れられていきました。また、日本の成人学習の中では、実践共同体（community of practice, レイヴとウェンガー 1993）という考え方がとても大切にされています。ここでは、ラウンドテーブルに関係することに焦点を当てて見ていきます。

　「実践コミュニティ」について、エティエンヌ・ウェンガー（2002）は「あるテーマに関する関心や問題、熱意などを共有し、その分野の知識や技能を、持続的な相互交流を通じて深めていく人々の集団を指す」（p. 30）と述べています。これはウェンガーが 1991 年、徒弟制度の観察から導き出した概念です。欧米企業が知識や情報そのものを管理するナレッジ・マネジメントに行き詰まり、知識を維持・向上させるためには人と人とをつなぐことが重要だと認識して導入するようになりました。そこで、知識や情報をもつ人と人を組織を超えてつなぐことを試みたのです。そしてこの概念は、様々な団体・グループの組織の発展と構成員の育ち合いに役立つと注目されてきています。

　では、なぜ当該ラウンドテーブル型教師研修にこの考え方が必要なのでしょうか。これは大人の学びの特徴と関係しています。実践を省察することによって教師としての成長や力量を形成していくことは期待されます。しかし、「おとな」になるまでに「おとな」は様々な経験をしており、経験に裏打ちされた価値観を持っています。この価値観は「おとな」が何かを学ぶときに、有益に働くときもありますが、一方で妨げになるときもあります。前者の「これまでの経験や価値観が有益に働く場合」ですが、これは「おとな」が何か新しいことを学ぶときに、これまで培ってきた様々な経験を引き出して、それを新しい考え方にうまく応用していく場合となります。後者の「これまでの経験や価値観が妨げになる場合」ですが、これはかたくなになった価値観によって、新しい考え方を柔軟に取り入れられなくなることです。このような場合、「おとな」の意識や行動を変えることは難しくなります。しかし、前節でも述べたように (1) 互いの学びを支え、お互いが尊重される雰囲気に浸り、(2) コミュニケーションを通して互いの学び合いを感じることによって、「おとな」は学び続けることが可能です。また、このよ

うにして継続して学んでいると、様々な人に出会うので、これらの人々から刺激を受けたり、自分自身の価値観を揺さぶられることもあるでしょう。ラウンドテーブルに参加することによって、(1)、(2)は可能ですので、いつの間にか、かたくなになった価値観が解きほぐされていくかもしれません。こうしたラウンドテーブルという実践コミュニティを通して、大人の学びが展開されることが期待されます。これは、ある意味で大人である参加者教師が力をつけることでもあります。そして、このような参加者が継続的に参加し、互いの学びを深めていくことによって、コミュニティ全体が成長していくことも期待されています。

　以上の点から実践コミュニティの考え方は、本ラウンドテーブル型研修の中で重要な役割を担っていると考えます。

注

1.　安藤(2019)では、組織と個人を内包するシステム全体における組織ルーティンの変化と定義されています。また、中原(2021)では、「組織メンバーで生まれた知識などが、組織メンバーに共有され、組織の決まりごとになり、活用されていくプロセス」とされています。個人の成長によって、組織の仕組みも変化していきますが、そこには主体的に行動する個人やコミュニケーションが重要だと考えます。ピーター・センゲが提唱した『学習する組織』は、組織学習に通じるものがあります。

2.　他の例として、三輪(2009)で看護学生の例が、クラントン(2004)で女性の役割の例が取り上げられています。

3.　Information and Communication Technology（情報通信技術）の略。情報通信技術を活用したコミュニケーション。

第3章

実践を省察するラウンドテーブル型
日本語教師研修の全体像

　ここでは、ラウンドテーブル型教師研修がどのように行われているのか、実践の内容や進め方を例示しながら見ていきます。

3-1　日本語教育におけるラウンドテーブル型日本語教師研修の必要性

　現職の日本語教師は、教育現場においてどのような環境に置かれているのでしょうか。

　まず、日本語教師になるためには、①大学または大学院において日本語教育に関する課程を履修して修了する。②日本語教育能力検定試験に合格する。③学士の学位を有し、かつ、日本語教育に関する研修として適当と認められるものを 420 時間以上受講し、修了する、の 3 点の要件が示されています。また、令和 2 年度からは、「日本語教育実習」の履修が義務づけられるようになりました。しかしながら、日本語教師に求められる資質・能力については、養成段階においてすべてを身につけることは困難だと指摘されています（文化審議会国語分科会 2019）。そのため、日本語教師として従事してからも、自己研鑽を積むことが必要とされていますが、文化審議会国語分科会（2019）によると、現職の日本語教師に対する研修は、一部の教育機関が自主的に行う内部研修にとどまっているとしています。また、中堅の日本語教師については、各活動分野で課題解決にあたることができる資質・能力を身につける必要性があげられていますが、具体的な内容については言及されていません。

　このように、養成段階を経て日本語教師になったとしても、一般的には研修の場は少なく、日本語教師としての力量形成は教師個人の努力に委ねられていると言えます。

　それでは、実際に、現職の日本語教師はどのような研修を求めているのでしょうか。

　池田・酒井（2018）は、教育現場の大学非常勤講師（11 名）と大学の日本語学校非常勤講師（10 名）を対象にどのような研修が求められているのかに

ついて調査しました。

　その結果、研修の運営形式において対象者が10名以上だった項目を含むカテゴリーに着目すると、大学非常勤講師は「グループワーク・意見交換」と「ワークショップ形式」が多く、一方、日本語学校の非常勤講師は「講義・ワークショップ形式」が全体に占める割合が多く、参加者教師との意見交換をしたり、参加教師同士で、一緒に活動ができたりすることが求められていたことが報告されています。

　研修の内容において、対象者が10名以上だった項目を含むカテゴリーに着目すると、大学非常勤講師は「専門分野の理論と実践、知識」、「ふり返り」、「授業を客観的に考える」の割合が高く、一方、日本語非常勤講師は「授業運営テクニックの習得」、「先輩教師の授業見学の機会」が多かったのがわかります。しかし、この調査は人数が少なく、調査対象者の経歴や年齢などが考慮されていないため、一般化することは難しいのですが、1つの結果として受け止めてよいでしょう。

　牛窪（2014, 2015）は、教授経験5年目までの新人教師を対象に、教育機関における経験についてインタビュー調査を行いました。その結果、新人教師たちは、同じ学校の他の教師の授業を見学できる環境になく、養成講座で身につけた教授法を繰り返すことによってのみ、初級は大丈夫という自信を得るようになるといいます。また、他の教師との関係性については、気軽に聞いてはいけないと考えてしまい、他の教師と関係性が構築できないまま、無難に授業の割り当てをこなすという日本語教育観を持つようになっていると述べています。

　牛窪は、教師間の交渉を必要としないシステムが存在しているとし、新人教師が授業についての交渉がしにくい状況があるのであれば、学外に交渉を行う必要性を指摘しています。そこで、様々な経験や価値観を持つ教師同士が関わっていくことで、社会的なつながりや新たな視点の獲得が期待できるのではないでしょうか。

3-2　ラウンドテーブル型日本語教師研修の構成

　本書で説明する研修は、研修そのものと、活動のふり返りによって構成されます。

　まず、第3章で参加者によるラウンドテーブル型研修について、第4章ではラウンドテーブルが終わった直後に行われる、ファシリテーターによるふり返りの会について述べます。

第3章

ラウンドテーブル型研修

・実践を共同でふり返る体験（**表3-1** ①②③）

・感想の共有（グループ内➡全体）（**表3-1** ④⑤）

第4章

ファシリテーターによるふり返りの会（**表3-1** ⑥）

3-3　ラウンドテーブル型日本語教師研修のメンバー

　ラウンドテーブル型研修は、運営を担うコーディネーターとファシリテーター、そして、参加者（語り手と聴き手）から成り立ちます（**図3-1**）。

　コーディネーターは、ラウンドテーブル型研修を企画立案し、それに沿って準備を進めていきます。実際の研修の場では、司会を担当し、研修の概要の説明や注意事項などを参加者に伝えていきます。また、予定していた参加者が来られなくなった等の不測の事態が生じた際の調整も担います。さらに、新人のファシリテーターのフォロー等の対応を行います。海外で開催の場合は、現地コーディネーターとともに企画準備を行っていきます。現地コーディネーターは現地の窓口となって、参加者の募集や人数の調整、語り手への話題提供の依頼（後述）を行います。

　ファシリテーターは、コーディネーターとともに企画を立案します。グループ内の聴き手と語り手をサポートしていきます。ファシリテーターの役割については、第4章で詳述します。

　参加者は、いくつかのグループに分かれ、グループの中で実践について語る語り手、それを傾聴する聴き手という役割を担います。1回のセッションで語り手は1人のみ、残りのメンバーは聴き手となります。

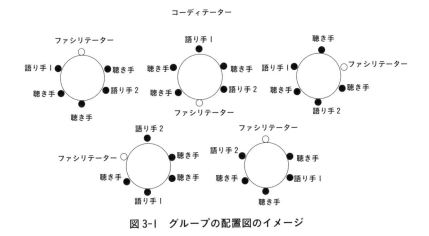

図 3-1　グループの配置図のイメージ

3-4　ラウンドテーブル型日本語教師研修の実際

　ラウンドテーブルについて、どのように行ったらいいのかという質問をよく受けます。しかしながら、特にマニュアルがあるわけではありません。参加者や開催地によって多少違いはあります。以下では、一例を紹介します

　参加者については、「地域や職場での実践をじっくりふり返ってみたい方」、「心に残っている実践の場面を丁寧にふり返ってみたい」、「他の人の実践を聴きたい」、「成人教育・成人学習に関心がある」、「日々の仕事に忙しくふり返る時間がない」、「語る・聴くことの意味を考えたい」等に興味がある

方を中心に募っています。

3-5 ラウンドテーブル型日本語教師研修の話題提供の準備

　まず、語り手を担当される方は、ここ数年の実践の中で気づいたことや考えたことを取り上げ、A4用紙1〜2枚ほどにまとめたレジュメを用意します。レジュメの形式は特に決まったものはありません。したがって、きれいに整理する必要もなく、箇条書きなどでもかまいません。実践を通して考えたことや思ったことを記述します。また、実践のことだけではなく、併せて、自分の個人的な問題（例えば、就職活動、職場、家族のこと）などをふり返って記述することもできます。次ページに例（一部抜粋）を示します。

　このような語り手のレジュメをもとに、当日は、5〜6人ほどの小グループに分かれて、語り手はじっくりと自らの実践を語り、聴き手はそれを傾聴します。聴き手とのやりとりを重ねることで、さらに、ふり返りが進むことをねらいとします。時間は、80分程度（語り手の報告が40〜60分、その後のグループでの話し合いが20〜40分）になります。報告の時間が全部で約80分と聞くと、ずいぶん長いと感じる方もいるかもしれません。しかし、語り手を経験した参加者からは、ゆっくり、じっくり話していくと、時間が足りないくらいだったという感想を多く聞きます。日々、忙しく実践を行う中で、ゆっくり自らの実践をふり返る機会は必要ではないでしょうか。

日本語を母語としない子どもへの学習支援をしている NPO 法人の運営について

　中学国語の翻訳教科書の作成にあたって、翻訳者探しから始めた。プロに頼むほどの予算もなかったので、地域に住む日系南米人を中心に翻訳者を探した。翻訳者がなかなか見つからず、日本語のボランティア教室に行って、事情を話して、ブラジル人を探した。一人、二人と翻訳者が増えてくると、かれらから紹介してもらうなどして、なんとか翻訳者を集めた。また、著作権を得るために、日本文藝家協会、あるいは作家に直接許可を求めるなどし、一冊の本を作る過程の煩雑さを知った。獲得した助成金はその年度で使わなければならないので、年度内に作ることを目標としていた。あまりにも大変で途中でくじけそうになったが、翻訳者の協力を得、なんとか完成にこぎつけた。その後も販促もしなければならず、とてもボランティアでまかなえるものではないと痛感。また、学校やボランティア団体からの問い合わせも多くなり、常駐者もいない中、活動を続けることの困難さを感じはじめていた。

　（外国人の子どもを対象に学習支援活動を行っている A さんの語りから）

3-6　ラウンドテーブル型日本語教師研修の進め方

　以下に、当日のスケジュールの進め方について紹介します。

　ここでは対面で行う場合の進め方ですが、オンラインの場合は、グループ活動は Zoom のブレイクアウト機能[1]を使用して進めていきます。なお、オンラインによる活動については、第 5 章をご参照ください。

表3-1　スケジュールの1例（グループ内に語り手が2人いる場合）

活動内容	時間
①　オリエンテーション（全体活動）	09:30 ～ 09:50
②　自己紹介（グループ活動）	09:50 ～ 10:10
③-1　実践を協働でふり返る体験（1人目）（グループ活動）	10:10 ～ 11:30
お昼休み	11:30 ～ 12:30
③-2　実践を協働でふり返る体験（2人目）（グループ活動）	12:30 ～ 13:30
④　グループで感想の共有（グループ活動）	13:30 ～ 13:50
⑤　全体共有（全体活動）	13:50 ～ 14:30
終了	14:30
⑥　運営者によるふり返りの会	15:00 ～ 16:00

は全体活動を表します。

①　小グループに分かれてそれぞれのテーブルに座ります。そこにはファシリテーター（1名）と語り手（1 ～ 2名）、聴き手（2 ～ 3名）が配置されています（**図3-1**）。

　各グループで「実践を語る・聴く」の活動を行う前に、全体のオリエンテーションがあります。コーディネーターが以下のマナーについて説明し、全体で共有します。

表3-2　5つのマナー

- ・聴き手は語り手の文脈にそって丁寧に聴く。
- ・聴き手は語り手が話しやすい雰囲気を作る。
- ・聴き手は語り手の立場や意見を否定しないようにする。
- ・聴き手は聴き役に徹する。
- ・聴き手も語り手もファシリテーターの進行にしたがう。

　ラウンドテーブル型研修は、ベテラン教師が新人教師の実践に対してア
ドバイスをしたりダメ出しをしたりする場ではありません。逆に新人教師
がベテラン教師に教え方を請う場でもありません。聴き手は語り手の実践
を傾聴し、語り手が話しやすくなる雰囲気を意識的に作っていくことが肝
要となります。

②　グループメンバーの自己紹介が行われます。一般的な自己紹介は一人１
　分ぐらいですが、このラウンドテーブル型研修では、一人５分ほど行い
　ます。参加者が名前や所属以外にも仕事の内容や旅行など趣味について
　語っても大丈夫です。長めの自己紹介をすることで、グループ内の雰囲気
　をよくし、語り手が語りやすい場を作る目的もあります。

③　ファシリテーターの進行のもと、約 40 〜 60 分、語り手が準備してき
　たレジュメをもとにこれまでの実践のプロセスや関わり方について、じっ
　くり、ゆっくり、たっぷり語っていきます。その後、約 20 〜 40 分、聴
　き手やファシリテーターが語り手の実践の文脈に寄り添いながら、事実確
　認や質問等をする活動が行われます。このやりとりを通して、語り手も聴
　き手もともに考え、気づきを得ることが可能となります。なお、語り手が
　複数いる場合も同様の流れで進めていきます。

④　語り手は実践について語ってどのような気持ちになったのか、また、聴
　き手は語り手の実践を聴いてどう思ったかなどの気づきや感想を発表しま
　す。

⑤　グループ活動から全体の活動に戻ります。グループの代表者がそれぞれ
　のグループの語りの内容、さらには、語り手は自身の実践を語ってどう
　だったのか、聴き手は語り手の語りを聴いてどうだったのかについての気
　づきや感想などを述べ合い、全体で共有します。

⑥　ラウンドテーブル型研修終了後、運営者（コーディネーター、ファシリ
　テーターなど）によるふり返りの会を行い、それぞれのグループの活動内
　容について共有します。これによって、運営者も当日のラウンドテーブル
　型研修においての自らの言動についてふり返る機会がえられます。なお、
　運営者によるふり返りの会の詳細は第４章で述べます。

3-7　ラウンドテーブル型日本語教師研修の例

　ここでは国内外で開催した対面で行ったラウンドテーブル型研修のグループセッション例を取り上げます。

3-7-1　国内で開催されたラウンドテーブル型日本語教師研修の例

　グループメンバーは以下のとおりで、すべて日本人です。

ファシリテーター：A （大学の日本語教師）
　　語り手：B （NPO 法人のメンバー）
　　語り手：C （日本語学校の主任・日本語教師）
　　聴き手：D （日本語学校の日本語教師）
　　聴き手：E （日本語学校の教務主任）

　語り手は日本語学校の主任である C さんで、以下は C さんが作成したレジュメです。

レジュメ例 1

〇〇日本語学校　　氏名：C

2000 年　大学を卒業後一般企業に就職
2007 年　結婚を機に退職。
2010 年　日本語教師養成講座（420 時間）に通う
2011 年　日本語学校へ非常勤講師として就職
　　　　3 月に東日本大震災があり、学生数が減少した。
　　　　文法を中心に教えることに少し違和感を持った。
　　　　大学院を目指す学生に研究計画書などどのように対応していいのかわからず、また、実践を通して、日本語教育の理論について深く学びたいと思い考え、大学院進学を考えるように

> なった。
>
> 2013 年　大学院進学。仕事は減らしながら続けた。
>
> 2015 年　大学院修士課程を修了
>
> 2015 年　日本語学校で専任教師となる。
>
> 　　　　家事との両立が難しかったが、家族のサポートもあり、なん
> とか続けた。
>
> 2016 年　教務主任になる。
>
> 　　　　教務主任になったことで、業務が大きく変わった。
>
> 　　　　カリキュラムやシラバスを作成し、非常勤講師のスケジュー
> ルを組むようになった。
>
> 　　　　学生と接する場面よりも、教員と接することが多くなる。
>
> 2018 年　オリンピック景気もあり学生数が飛躍的に増える。
>
> 　　　　教員不足となり、学校は新人教員をどんどん採用するが、新
> 人教育が間に合わない。
>
> 　　　　コミュニケーション不足も感じている。

　Cさんは、これまでの日本語教師としての経歴や経験、考えたり思ったりしたことなどをA4用紙一枚にまとめてきました。Cさんはレジュメ作成のためにこれまでの日本語教育の経験を回想したそうです。420時間の日本語教師養成講座を修了した直後、日本語学校の非常勤講師になれたそうです。当時のことを以下のように語っています。一部をご紹介します。

　　最初は初級レベルの学生を担当しました。教師用指導書を読み込んで寝ないで教案や教材を作成したりしました。教室では時間も含めて準備したとおりに授業をすることで精一杯でした。想定外の質問などもけっこうあり、正直、なぜ、今、それ聞いちゃうかなーって思ったりもしました。こんなかんじで準備の範囲外だと答えることもできないこともあり、準備しても準備しても追いつかない底なし沼のような現実の厳しさ

を知りました。

　少し慣れてきたころに、中級や上級のクラス、JLPT（日本語能力試験）の対策クラスも担当するようになりました。特にJLPTの対策クラスでは、短時間で学生に知識を詰め込んでいくことが多く、学生の理解度もあまり確認できないまま、専任が作成したスケジュール通りに授業をこなしていきました。なんていうか、教師主導型で進めていくことの限界を考えるようになりました。さらに、大学院進学を考えている学生に対して、研究計画書などの作成など、私も書いたこともないのにどのように指導していけばいいのか、困り果ててしまいました。

　そんなとき、同僚に大学院に通いながら日本語教師をしている先生がいらっしゃって、いろいろアドバイスをもらいました。その方は大学でも非常勤として教えていらっしゃって、大学で教えている内容についても聞いたりしました。大学の留学生はJLPT合格が目的ではなく、アカデミックな場面で必要なスキルの伸長を目指しているとのことでした。協働学習っていうんですか、ピアで何かしているということを聞いたのですが、文法や語彙の習得を主眼とせずに、どうやって日本語力があがるのか、そのときは、あまりピンときませんでした。また、やり方についても自信が持てませんでした。日々の実践を通して、私自身の未熟さを感じ、まだまだ日本語教育について学ぶべきことがあるのではないかと考え、大学院進学を意識するようになりました。大学院では、協働学習についてその理論背景等を学ぶことができ、実践でも使ってみたいと思いました。理論等を学んだうえで実践する必要性を痛感しました。

　院を修了してからは、実践に協働学習を取り入れたりするようになりました。必ずしも教師主導型で教える必要もないんだなということを実感しました。また、専任講師となって、カリキュラムやシラバスを作成し、非常勤講師のスケジュールを組むようになりました。非常勤の先生方の要望に応えてスケジュールを組むだけでも一苦労でした。私はこれまで大学院に通ったりもしていて、かなり、自由にコマ数を申告していたりしたので、専任の先生方に本当にご迷惑をおかけしていたんだな

と、同じ立場に立つことでいろいろと思うところもありました。

　教科書一辺倒で教師主導型の進め方から少しでも脱却したいと考えているのですが、先生方はそれぞれ価値観が違うので、少し新しい進め方を提案すると、ベテランの先生ほど、拒否反応を示してきます。学校はJLPTの合格者を一人でも多く増やすことを考えていて、その対策に重点を置いています。もちろん、それも大切なことなのですが。なんとなくまとまりがないまま、学生のためというよりは、教師ができることをやっていくという風潮ができあがってきているようにも思いました。このような状況で、専任としてどのように非常勤の先生に対応していけばいいのかと現在考え中です。

　また、オリンピック景気もあって学生数はどんどん増えてきて、教室や教師が足りない状況が続いています。日本語教師未経験の先生方に新人教育をしなければならないのですが、こちらは、まったく対応できていないのが実情です。

　Cさんが日本語教師になりたてのときの状況を語ると、聴き手のみなさんが、大きくうなずいて聴いていました。聴き手のみなさんも同様の経験があるようでした。無我夢中で授業をこなしていく中で、いつしかCさんには、教師主導型の指導法でいいのだろうかという疑問がわいてきたようです。そこで、理論等を学ぼうと考え大学院進学を決めたと語っています。Cさんは、語っているうちに、なぜ、大学院進学を考えたのかということを再認識したそうです。大学院修了後、専任講師となり、それに伴い業務内容も変わり、さらに、人間関係の構築の難しさを感じているようです。聴き手であるDさんは現在日本語学校で非常勤講師をしており、直接専任の先生と話す機会はあまり無いと言っていました。異なる職場の二人ではありますが、それぞれの立場での人間関係についての言及がありました。Cさんは、語っているうちに、先生方全体をまとめることができないというよりは、同僚の先生方一人ひとりとあまり話していないということに気づいたそうです。そこで、まずは、一人ひとりの先生と話していこうと考えるようになったそうです。

3-7-2　中国で開催されたラウンドテーブル型日本語教師研修の例

　ここでは、中国で開催されたラウンドテーブル型研修のグループセッションの１つを例に取り上げます。グループメンバーは以下のとおりです。

　　ファシリテーター：F（中国の大学の日本語教師・中国人）
　　　　　　語り手：G（中国の大学の日本語教師・中国人）
　　　　　　語り手：H（中国の大学の日本語教師・日本人、
　　　　　　　　　　　　Gさんが語り手の時は、聴き手として参加）
　　　　　　聴き手：I（中国の大学の日本語教師・中国人）
　　　　　　聴き手：J（中国の大学の日本語教師・日本人）

　語り手は大学の日本語学科で教えるGさんで、以下はGさんが作成したレジュメを内容を変えずに変形したものです。

レジュメ例 2

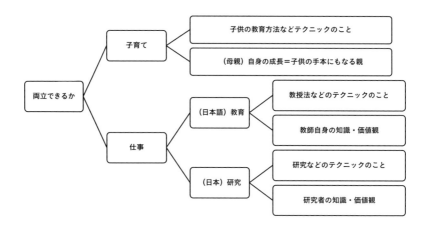

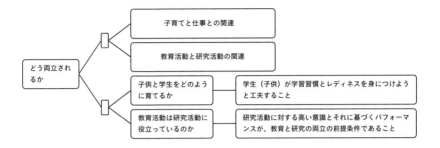

以下に語りの一部を紹介します。

　2009 年 7 月に修士課程を修了し、今の勤め先の大学の日本語科に入り、日本語教師になりました。もうすぐ 10 年になります。当時は修士でも大学の教師にもなれましたが、今は博士の学位を持っていないとなれません。今日は、この場をお借りして、この 10 年をふり返ってみたいと思います。

　日本語教師になって、最初の 3 年間は楽しかったと思います。なぜかというと、子どもがまだいなかったし、新米教師の新鮮感もあったので、日本語教育の実践に情熱を燃やすことができたからです。当時、私は学生にも人気があって、大学の「優秀教師」にまで選ばれました。

　しかし、大学教員のキャリアプランの面から振り返ってみると、当時は単純そのものだったと思います。つまり、大学教員は、教育と研究の両立を果たすべきであることについて認識不足でした。2012 年に、在職しながら、母校に戻って博士課程に入って、やっと今年（2018 年）博士号を取りました。そして、2016 年に子供を出産して、母親になりました。

　先ほども言いましたが、大学教員は教育と研究の両立が求められていますが、母親になって、さらに子育てもしないといけないので、その三者のバランスをどう取るかは、難しい課題です。

　マインドマップを見ながらふり返ってみます。まず子育てですが、初

めてのことですが、子どものお手本になるような母親になりたいので、育児の本を読んだり、講演を聴いたりして、いろいろ模索しています。育児に費やす時間が多くなると、仕事に割く時間が少なくなります。それはいけないと思いました。そこで考えました。子育ても学生を育てることも似ているのではないかと考えました。自分で勉強したい、勉強できる習慣を身につけさせるために、私に何ができるかと考えました。日本語の学習が好きになるきっかけを作ってあげられたらと気づきました。いろいろと授業の工夫をしています。もともと教育実践が好きなので、授業の工夫を考えるのが苦痛ではないです。一番頭が痛いのは、やはり研究のことです。育児と授業だけで、精一杯で、興味のある研究課題についてゆっくり考える時間がありませんでした。博論を読むたびに、よく書けたなと自分で自分をほめたくなります。それが博論を出した後、進歩していないということを意味するんですよね。とても悲しいです。育児、教育、研究の三者の両立はできていないですね。なんとか自分の研究を教育実践と結びつけたいと考えていますが、突破口はまだ見つかっていません。来年、子どもが幼稚園に入り、少し時間的に余裕ができるので、研究も再開できるのかなと思っています。

　Gさんはふり返りの内容をキーワードで整理して、マインドマップを作りました。修士を修了して大学の日本語教師になってちょうど10年になります。この10年間は、若手教師として、在職しながら博士の学位を取得し、そして、出産し、母親になり、人生においてもキャリアにおいても大きく成長した時期だったようです。新米教師のころ、教育熱心で学生に好かれ、高く評価されました。しかし、大学教員である以上、教育実践と研究の両立が求められ、研究することは大学教員としてあるべき姿だと認識するようになり、仕事をしながら博士課程に進学しました。母親になってから、育児、教育、研究の三者のバランスをどう取るかについて悩んだ末、育児と教育を優先することにしました。それは、育児に追われる日常から、育児が学生を育てることと似ていると気づき、子どもでも学生でも勉強が好きになるきっか

けを作ればいいと考えるようになったからです。しかし、授業や育児にたくさんのエネルギーを費やすことによって、研究のことをじっくり考えることができないので、悲しいと語りました。また、教育実践と自分の研究の結びつきが大事であると認識していますが、まだ打開策を見出せずにいるようです。子どもが幼稚園に入ってから、なんとか研究できるのではないかと考えているようです。

3-7-3　ベトナムで開催されたラウンドテーブル型日本語教師研修の例

　ここでは、ベトナムで開催されたラウンドテーブル型研修のグループセッションの1つを例に取り上げます。グループメンバーは以下のとおりです。

　　　ファシリテーター：K（日本の大学の日本語教師・日本人）
　　　　　　語り手：L（ベトナムの大学の日本語教師・日本人）
　　　　　　語り手：M（日系企業で人事管理を担当・ベトナム人、
　　　　　　　　　　　　Lさんが語り手の時は、聴き手として参加）
　　　　　　聴き手：W（ベトナムの大学の日本語教師・ベトナム人）
　　　　　　聴き手：O（ベトナムの研修機関の日本語教師・ベトナム人）

　語り手はベトナムの大学で日本語教師をしているLさんで、以下はLさんが作成したレジュメです。

レジュメ例3

　　　　　　　　　　　　　　　　　　　　　　　○○大学 氏名L

　1．日本語教育経験について
　　大学院（修士課程）を修了後、中国、シンガポール、マレーシアで日本語を教えてきた。現在は、ベトナムの大学で会話や文章表現の授業を中心に担当している。また、社会人を対象としたクラスも開講され、ビジネス日本語を担当している。

2．実践内容について

　学部生を対象とした会話では、自己紹介や挨拶などの基本的なことから、誘う・断るなどの場面を設定し、ペアワークを中心にロールプレイを行っている。しかし、学生は日本語を使用する機会はあまりないので、日本語に対するモチベーションは低いように思うし、自主性にも欠けているように見える。もう少し効果的な進め方があるのではないかと最近は考えている。グループワークが推奨されており、テキストを参考に実践をしているが、試行錯誤の連続である。グループワークについて同僚の先生と相談したいが、お互いのコマの曜日が合わないこともあり、相談はできていない。

　社会人を対象としたクラスでは、日本で仕事をしたい、あるいは、ベトナムの日系企業で働きたいという人が多く、モチベーションも高い。かれらに対しては、ビジネス場面を想定したテキストを使用して、ロールプレイなどさせているが、実際のビジネス場面はどのようになっているのか、私自身があまり知らないこともあり、役立っているのかどうかはわからない。

3．その他
　・現地にいると、新しい教授法や理論についての情報を得る機会が少ないので、帰国した際は、いろいろな研究会や研修会に出て、情報を仕入れるようにしている。
　・日本語ネイティブの教師ということで、会話中心のクラスを持つことが多い。文法や読解などのクラスはベトナム人の先生が担当している。私も文法や読解のクラスを担当してみたいと思う。

　海外での任期付きの仕事が多く、その都度新しい仕事を探さなければならない。それぞれ国の施策や大学の教授法も異なり、人間関係に慣れるのに時間はかかるが、学べることはとても多い。しかし、そろそろ日本で教えたいという気持ちもある。また、博士課程への進学も考えている。

以下に語りの一部を紹介します。

　学部を卒業してから、修士課程に進みました。修了後に日本国内で教えたかったのですが、教授経験がないことから、なかなか就職にこぎつけることはできませんでした。そんなときにゼミの先生から、中国での任期付きの仕事を紹介され、そこで教えることになりました。その後、シンガポール、マレーシア、ベトナムとアジアを中心に教えてきました。

　それぞれの国や日本語教育機関での方針があり、これまで、それに従って授業を行ってきました。どこの機関でも教科書を中心とした文法積み上げ法の教授法が中心で、それは、母語話者の先生たちが担当していました。私は日本語母語話者ということで、会話クラスを主に担当していました。これは、どこの国でも日本人だから会話を担当という状況です（笑）。会話といっても初級や中級はロールプレイングが中心です。学生は指示されたことを淡々とこなしていく感じで、そんな様子を見ても、これでいいのだろうか、もう少し、グループワークなども取り入れて発展させたいと考え、試行錯誤しています。他の先生に相談したいところですが、みなさん本当にお忙しそうでなかなか声をかけるチャンスもないんですね。

　新たに社会人を対象としたビジネス会話のクラスを持つことになりました。ビジネス日本語の教科書を使っているのですが、なんだか、学生の仕事の場面とは違っているようで、教科書の場面の説明をしてから、会話を作ったりしているんですね。学生の職場の現実に即していないようであれば、やっている内容自体があまり効率的ではないなと感じています。また、私自身、一般企業で仕事をした経験もなく、そんな私が教えてもいいのだろうかって考えることもあります。実際に学生に聞き取り調査をしたり、仕事の場に行って、どのような日本語やストラテジーが求められているのか見たほうがいいのではないかな、とちょっと考えています。

　Lさんはこれまで海外で日本語を教えてきました。授業は会話クラスを中心に行ってきたそうです。新たな教授法に対して、独学で行っていることに不安を覚えているようでした。また、社会人を対象としたビジネス会話のクラスを持つことになったのですが、受講生によると、教科書のビジネス場面と受講生のみなさんのお仕事の場面とは、少し異なるようです。Lさん自身は大学で教えるという仕事経験しかないため、実際の場面ではどのような日本語が必要なのだろうかと考えていたようです。すると、同じグループのO（ベトナムの研修機関の日本語教師）さんが、もしよかったら、Oさんの職場を見学しますかという申し出をしてくれました。Lさんは、さっそく見学する約束をしたそうです。

　また、日本語ネイティブの教師は会話中心のクラスを担当することに対しても少し不満を持っていたようです。海外現地では、その国のネイティブの先生が、母語を使いながら日本語を教えるというパターンが多いことは、よくあるようです。しかし、Lさんは、そのような棲み分けは必要なのか、と疑問に思っていたようです。これを聴いたM（日系企業で人事管理を担当・ベトナム人）さんは、ベトナム人は文法や読解を教え、日本人は会話を中心に教えるということは当たり前のように思っていましたが、確かに、なぜ、最初から役割分担があるのだろうと考えたそうです。Lさんの語りが、Mさんのふり返りにも影響を与えたようです。

3-8　中国とベトナムの現状とラウンドテーブル型日本語教師研修が必要とされた背景

　次に、海外の日本語教師の状況について述べます。

　国際交流基金（2020）の調査によると、2018年現在で日本語教師数は77,323人で、2015年の調査と比較すると20.6%の増加で、過去最多を更新していると報告されています。コロナ禍の影響は予想されるものの、このような増加傾向は今後も続くものと思われます。

　海外における日本語教師の状況を、飯野（2011）は、日本語教師は、ある
程度の期間ごとに国や地域を「移動」することが多く、その結果、国や地域
の日本語教育に関する施策、機関の方向性、対象とする学習者や同僚教師の
背景などから、教師が関わる実践の立場も異なってくると述べています。

　それでは、具体的にどのような状況でどのような課題があるのか、日本語
教師が最も多い中国と、近年、日本語教師が飛躍的に増加しているベトナム
の例をもとに考えていきます。

3-8-1　中国の場合

　まず、中国の日本語教師数は 2018 年現在で、20,220 人で、世界で最も教
師数が多いと報告されています。一方、学習者数は 1,004,625 人で、そのう
ち高等教育機関に所属している学習者が 575,455 人で全体の 57.2％を占め、
圧倒的に多いのが特徴です。

　近年、中国では、高等教育が大衆化し、世界的にハイレベルな大学の構
築が目指されるようになりました。それを実現するために、教育の質の向
上に重点を置いた施策や計画が相次いで打ち出されました。そのような中、
2018 年 1 月、教育部（文部科学省に相当）により、4 年制大学 92 の分野の
587 の学科を対象とした『普通高等学校本科専攻類教育質量国家標準』（以
下『国家スタンダード』とする）が公表されました。『国家スタンダード』
では、外国語学科を「外国語学科は我が国の高等学校[2]における人文及び社
会科学の重要な構成部分であり、学科基礎には外国言語、外国文学、地域
と国別研究が含まれ、学際的特徴を持つ」と位置付けており、外国語運用
能力、文学鑑賞能力、異文化コミュニケーション能力、批判的思考能力（ク
リティカル・シンキング）、自主的学習能力、実践能力という 6 つの能力を
人材育成の目標としています（『普通高等学校本科専攻類教育質量国家標準』
上、pp. 92–95）。これは知識・技能の習得重視から外国語を使って思考した
り判断したり、何かをやり遂げる力などの能力育成に外国語教育の目標がシ
フトされたことを意味します。『国家スタンダード』では、教師の素質の 1
つについて、「しっかりとした外国語能力、授業をデザインし実施する能力、

授業を運営し管理する能力、教育テクノロジー及び手段に対応する能力、教育実践に関する省察と改革する能力を有すること」としています。それらを契機に、中国における日本語教育が新しい時代に入り、新時代に応じた教育の改革が求められるようになりました（修 2018）。

このような流れの中、新しい試みとして、黄（2018）があげられます。黄（2018）は、「次の実践を考えるためのリソースとしてのストーリーを提供する」ために、対話的教室を構築しようとする自分の教育実践をふり返り、実践者としての自分の教育観と学習者としての学生の学習観とぶつかりながら、すり合わせていく過程を記録し、分析しました。また、このような実践が多ければ多いほど新時代に応じた教育の改革につながると述べています。

于・高・沙（2014）によると、中国では、単なる言語能力を有するだけでは大学を卒業しても就職が難しくなっており、大学では日本語の言語技能＋他専攻（法律・経済・情報処理・教育等）というような複合型人材養成カリキュラムが目指されていると述べています。伝統的な「聞く、話す、読む、書く、訳す」という 5 つの技能を身につけると同時に、異文化間コミュニケーション能力の養成、言語応用力、思考力、想像力、業務遂行力などの能力も求められている一方で、現状ではこれらに相応する教員の能力アップ等の問題の改善ができていないままであることを指摘しています。その結果、新しい改革目標を設定したにもかかわらず、それに対応できる運営体系ができていないので、実態としては旧カリキュラムを踏襲するしかないことを課題にあげています。さらに、日本語教授法に関して、授業活動で学習者との協働ができておらず、教師が一方的にコントロールする傾向はなかなか改善されないことを問題点としてあげています。教師側は積極的に教授法を改善して学生の学習意欲を高めるなどの工夫や努力により、はじめて優秀な人材となる学生を育成することができると述べています。

徐（2016）は、日本語教師の質的向上と学習者の日本語能力および学習意欲の持続・拡大には大きな影響力があるとし、日本語教師に対して、教育方法の考案につながる研究能力と新たな社会的要請を捉える視点を得るための支援が必要だと指摘しています。中国における教師研修の多くは教育方法に

関わるものが中心であることを課題にあげ、今後は、大学間の壁や国境を越えた研究者・教育者間の実践や研究の成果などの情報共有が肝要だとしています。

　最後に中国における日本語教師研修の状況と課題について述べます。

　日本語教師を対象とした研修は、中日国交正常化後（70年代）に始まり、現在では多くの研修が開催されています。曹（2013）は、70年代から90年代までは、指導的な立場にある教師や、一般の教師を対象に、知識や情報の提供を主とした講義形式が中心だったとしています。2000年以降は若手教師・中堅教師を対象に、内省の力を養成することを目的とし、講義・実践（ワークショップ）課題研究が中心となっていると述べています。しかし、このように多様化している研修について、曹（2013）は①「内容の重複、質の停滞化、効果の希薄化」、②「主体的協働的内省型の研修が不足」、③「教師教育の研究と専門家のチームワークが弱い」、④「国内や海外の教師研修機関との連携と交流が不足」という課題をあげています。

3-8-2　ベトナムの場合

　次に、ベトナムの状況と課題について述べます。

　ベトナムの日本語教師は2018年現在で7,030人です。2015年は1,795人でしたので391.6％の伸び率となり、わずか3年で急激に日本語教師が増えていることがわかります。ベトナムの日本語学習者は2018年の調査では174,521人で、学校教育以外の学習者数が114,957人と全体の65.8％を占めています。これは、中国の例と比較しても特筆すべきことでしょう。もちろん、初等・中等・高等教育においても機関数、学習者数、教師数は増加していますが、これら以外の学習者数が増加した理由として、日本での就労や現地の日系企業への就業、技能実習制度を利用した渡日を希望する学習者が日本語学校等に通うケースが多くなったことがあげられています（国際交流基金 2020）。

　ベトナムでは2008年に教育改革の一環として「2008–2020年期国家教育システムにおける外国語教育・学習プロジェクト」が立ち上がり、小学校3

年生から高校 3 年生までの 10 年間の外国語教育が示され、日本語を含む新たな外国語教育も開始されています。グエン（2018）によると、ベトナムの日本語教師には教授法を改善し、新たなアプローチを見つけることが求められており、ベトナム教育訓練省は各大学等に学習者中心の積極的な教授法の導入を呼びかけていることを報告しています。具体的には、全国の大学教員は学習者に学習ストラテジーを習得させること、学習者の自律性・自主性を発揮させることを目指し、これまでの伝統的な学習方法を再考する必要性があげられています。その一方で、新たなアプローチとしてピアラーニングを試みたが、これまで、教科書に頼りすぎて教えていたため、工夫していてもうまくいかないという現場の日本語教師の不安や葛藤の声があることが報告されています（池田・宇津木・守内 2021）。

　Dao（2018）はベトナムの日本語教育は学生数も教育機関数も急増しているため、教育機関同士の連携や情報共有、社会的ニーズに応えられる質の高い人材（教師）養成が必要である一方で、教師研修の一貫性や連続性が十分ではないことを指摘しています。また、CAO（2017）は教師不足と教師の質が向上していないという課題は長期にわたっていると述べています。

　池田・酒井（2020）はベトナムにおけるベトナム人日本語教師を取り巻く現状と日本語教師研修に対する意識調査を行いました。その結果、教師の勤務状況の背景には慢性的なマンパワー不足が窺え、1 人の教師が複数の機関を兼務し、忙殺されていることが示されました。その背景には待遇への不満が根底にあり、兼務せざるを得ない現実があることを示唆しています。大学で日本語を教える教員は日本語教育が専門ではなく、日本への留学経験があり、日本語力があるという理由だけで日本語を教えていることに戸惑いがあったり、今後のキャリア形成について不安や葛藤があったりする例も見られました。そして、ベトナムの日本語学習者は企業への就職を目指して日本語を学んでいることが多く、教師が理想とする内容とギャップが生じていたこともわかりました。さらに、教師は教師研修への希望があるが教師同士のネットワークやつながりができておらず、孤独感と葛藤を抱えていることなどが述べられています。そのうえで、急激に変化する社会の中では、教師

が個として成長するだけでなく、コミュニティの広がりを持つことや教師研修でエンパワーメントしていくことも重要であることが指摘されました。

　以上、中国とベトナムの例を概観してきました。

　両国とも国の施策によって、教師主導型の教育から学習者中心の教育へ移行する転換期を迎えていることがわかります。新たなアプローチに対応するべく、自己研鑽や努力や工夫が求められていますが、その一方で、現場の日本語教師には、これまで教科書に頼りすぎていたため、新たな施策に対応できないという不安や葛藤が見られます。つまり、新たな施策転換という状況に対応するには、一個人の教師の努力や工夫のみに帰結させるべきではないと言えるのではないでしょうか。そこで、研修などを通して、仲間とともに情報交換をしたり、新たな視点を得る機会が必要だと考えます。

　池田・宇津木・守内（2021）は、このような環境に置かれた教師や教育現場に対応するためには、実践を他者とともにふり返るラウンドテーブルが必要であると説いています。その特性として、様々な経験や価値観を持つ教師同士が他者と関わることで、省察が進み、教師としての成長が期待でき、教師自身が社会的なつながりや人間関係を構築できるという点をあげています。

　本ラウンドテーブル型研修の特性として、新しい教育方針と教師らの経験知のギャップを埋める場になる可能性があります。教育方針と教師たちとの溝を埋めるためには、教師研修の場で実践を語り、実践に対する不安や葛藤、あるいは新たな試みなどを語ることによって様々な気づきを得て、そこから互いに学び合うことが必要ではないでしょうか。

　次に、「実践を語る・聴く」の活動を経て、語り手と聴き手がどのような感想を持ったのかを紹介します。

3-9　語り手と聴き手のふり返り

　実践を協働でふり返る体験を経て、語り手と聴き手がどのような感想を

持ったのでしょうか。ここではグループ内で感想の共有を行った際にとった
ファシリテーターのメモに基づき、関係するふり返りの箇所を取り上げま
す。

　まず、語り手のふり返りを見ていきましょう。

表3-3　語り手のふり返り（一部）

番号	語り手のふり返り	研修会場
1	レジュメを作成するときにこれまでの実践をふり返ることができた。やってきたことを言語化できてすっきりした。	日本
2	自分の実践の目的や目標などを再確認できた。	日本
3	自分の行っていることを、他の人に伝えるのは難しかったが、それを伝えようとして一生懸命語った。	日本
4	聴き手からの質問を受け、さらに自分の実践について、なぜ、その時にそれをしようと思ったのか、深く、じっくり考えることができた。	日本
5	日々忙しくてふり返る機会が持てなかったので、いい機会になった。	日本
6	自分で語ることで、自分の実践を再構成していくイメージだった。	日本
7	語り手を引き受けてよかったと思います。語りを準備した時（事前課題の準備）、時間が経つのがほんとうに早いなと感じた。10年間の出来事を思い出しながら、マインドマップを作った。みんなの前で語ってみて、自分で準備した時よりも、やってきたことをさらに整理できたという気がした。	中国
8	語っているうちに、教師、研究者、母親という3つの視点から語っているなと実感して、この3つをどうすり合わせていくのかが一生の課題だとつくづく思った。	中国
9	自分には、過去から現在に至るまでにそういう経緯があったのだ、という再確認ができた。そうすると次の目標というか、これからのことについて見通しがはっきりしてくるなと思った。	中国
10	語りの時間があっという間に過ぎた。今回語り手をすることになり、これまでの実践を調べた。調べたことを言語化しアウトプットすることで、整理ができた。こんなことを自分がやってきたんだなと実感できた。	ベトナム

11	授業がうまくいかない場合、学生や環境に問題があると思っていたが、聴き手に質問されて、語っていくうちに、学生ではなく、自分自身にも問題があるのではないのかと考えるようになった。	ベトナム
12	参加の機会を得ることができたことに感謝している。人と人のつながりについて考えることができた。	ベトナム
13	これまでの実践についてレジュメにまとめてきたが、実際に語ってみると、それ以外のさまざまなことを語っていた。聴き手の質問に答えることで、自分が本当にこだわってきたものが何か明確化してきたような感覚だった。	ベトナム

　語り手は、ラウンドテーブル型研修に参加する前に、自らの実践の中で気づいたことや考えたことを取り上げ、レジュメにまとめてきます。この時点で、ふり返る対象は多様で、実践の中で感じたことを書くこともあれば、経験を詳細に記述してくるものもありました。語り手の中ですでにふり返りが始まっていると言えるでしょう。

　このレジュメをもとに、本研修に参加し、聴き手からの詳細を求める問いかけや、実践を促した背景等について問われ、「なぜ」この実践をしたのかについて、さらに深く考えていきます。そして、語りながら実践の詳細を整理しつつ思い出したり、実践の背後にある意志決定について考えながら小声でもごもごと語ったりしていく場合もあります。その結果、**表3-3**のふり返りにもあるように、「再確認」や「再構成」といったキーワードが出てきて（**表3-3**・2、6、9）、自分のこれまでの実践や今後の目標についての確認作業があったことが推察されます。さらに、番号11, 13のように、語り手の持っている前提（当然だと思っている意識や価値観など）が大きく揺らぎ、意識が変容していく体験をする場合もあります。自らの実践に対する意識や価値観の一部を取り崩すことは、ときには受け入れがたい場合もあります。その傾向が成人に強く見られることもあります。そこで、ふり返りのプロセスには、聴き手のような存在が必要となります。語り手と聴き手の言語を媒介とする相互作用によって、ふり返りが進められることが望ましいと考えます。

次に、聴き手のふり返り（**表3-4**）について見ていきましょう。

表3-4　聴き手のふり返り（一部）

番号	聴き手のふり返り	研修会場
1	語り手の経験と自分の経験を比較しながら、自分もふり返ることができた。	日本
2	自分の職場にもこのような研修を導入していきたいと思った。	日本
3	自分の新人時代を思い出して、共感することができた。	日本
4	日本語教師だけではなくて、他の職場の人とも実践の経験を共有したい。	日本
5	自分も教務主任として、先生方から聞き取り調査等をして、改善できるところは改善していきたいと思った。	日本
6	これまでの受けた研修はトピックについて意見交換をすることが多かったが、今回のように、ひたすら語り手の語りを聴き、その内容に寄り添った質問を考える、というプロセスが新鮮でもあり難しくもあった。	日本
7	中国の大学の先生の仕事がよくわかった。日本語教師と言っても、授業研究だけでなく、自分の研究も続けなければならないので、女性の先生って大変だなと思った。	中国
8	私も子どもがいるので、共感できるところがたくさんあった。悩んでいるのが自分だけではなく、みんなそれぞれ問題を抱えながら頑張っているのだなとわかり、元気づけられた。	中国
9	こんなに長い時間、人の話を聴くのが久しぶりだ。自分のことと重ねながら聴いていた。	中国
10	その先生（語り手）は、大変悩んでいる先生でした。私が教え始めた頃と同じだったので、自分の今までの経験を思い出すことができました。	中国
11	ベトナム人が日本の経済等に関わっていることがよくわかった。	ベトナム
12	一人で考えるには限界があると思った。職場や対象学生は異なっていても、自分も同じような経験をしている。こういった研修の場で、同じ日本語教師としてつながりを持てるのはいいことだと思う。	ベトナム
13	次回、研修の機会があったら、語り手で参加してみたいと思った。	ベトナム

　先にも述べましたが、本研修においては、聴き手の存在がとても大きいものとなります。本研修に参加する前に、「語り手の長時間にわたる実践の語りを果たして最後まで聴くことができるのだろうか」と不安に思う聴き手も何人かいました。それは「これまでの受けた研修はトピックについて意見交換をすることが多かったが、今回のように、ひたすら語り手の語りを聴き、その内容に寄り添った質問を考える、ということが新鮮でもあり難しくもあった」(**表 3-4・番号** 6) というふり返りにも表れています。

　一般にワークショップにおけるディスカッションの場合は、相手の意見に対して自分の意見を述べたり、賛成や反対意見を示すことが求められます。参加者のそれぞれの意見を表明したり、ぶつかり合うことによって、今まで思いつかなかった新しいことに気づき、新しいアイディアを発見することがあります。

　一方、「協働のふり返り」では、語り手がじっくり語っているときに、聴き手は、語り手の語りの内容をすべて受け止めて聴くようにしますが、聴き手は、すぐに自分の意見や気づいたことは言わず、「そこをぐっとこらえて」聴き続けます。そうすることで、聴き手は自分の過去の体験の中から、よく似た体験を引き出し、追体験をしていくことがありますし、その中で新たな気づきを得る場合もあります。

　本研修では、あくまで語り手の「語りの文脈や内容」に寄り添って傾聴することが必要とされます。それでは、語り手の「語りの文脈や内容」に寄り添うとはどのようなことなのでしょうか。

　池田・朱 (2017) は語り手に寄り添うことの必要性として①語り手の語りの内容を豊かにする、②言語と思考の両方を促す、③語り手を何よりも支えることをあげています。その背景には以下の考えがあります。

　　自分たちの実生活を見てみると、相手の意見を半分聴きながら、自分は次に何を言おうかと考えていたり、自身の都合のよいように聞いて反論したり、その人の話を最後まで聞かずに自身の経験を披露することがあるのではないだろうか。それゆえ、ラウンドテーブルに「聴き手とし

て参加すること」には、これらを克服する意義もあると思った。Iは最初、相手の語りをじっと聴き続けることは辛いことだと思っていた。しかし、「聴き手にも省察が促されている」と認識するようになり、気持ちが楽になった。

（池田・朱 2017: 105）

　語り手の語りを傾聴することにより、語りの内容の文脈に沿った問いかけもでき、その問いかけにより、語り手の省察も促されると言えるでしょう。それは、先述の語り手のふり返りのコメントにも見られます（**表3-3**・番号4、11、13）。

　聴き手からのふり返りには、1「語り手の経験と自分の経験を比較しながら、自分もふり返ることができた」に代表されるようなふり返りがありました（**表3-4**・番号1、3、9、10、12）。新人の日本語教師の実践の語りをベテランの日本語教師が聴き、自身の新人時代を思い出していることもこれまで多く見られました。それは、ベテラン教師が新人教師にアドバイスをするというものではなく、ベテラン教師が新人時代の自らの状況に立ち返って追体験する過程でもあり、それを踏まえて、新人教師に共感していく様子も窺えました。

　また、番号5「自分も教務主任として、先生方から聞き取り調査等をして、改善できるところは改善していきたいと思った」のように、語り手の語りから触発を受けて、自らの教務主任としての実践をふり返るきっかけを得て、改善策を考えるようになっている聴き手もいました。このように、職場やそこで働く人は違えども、同じような文脈を身近な問題にひきつけ気づきを得る場合も見られます。

　これを可能にしたのは、やはり、傾聴する態度があったからだと言えるでしょう。

　このように、語り手の文脈や価値観に寄り添い、その場で吟味された問いかけは語り手の「何を」「どのように」「なぜ」に関わる省察を促すことになります。

　また、同時に、このような問いかけをするためには、じっくり聴く態度が

必要で、ラウンドテーブル型研修では、聴き手の傾聴する力が醸成されていくことが期待されています。

注

1．ブレイクアウト機能
　Zoom 上でミーティングの参加しているユーザーを少人数ごとのグループに分ける機能のこと。オンラインによるラウンドテーブル型研修では、この機能を使ってグループ分けを行っている。

2．高等学校
　日本における「大学」にあたる。

第 4 章

実践を省察するラウンドテーブル型
日本語教師研修後の
運営者によるふり返りの会

　ここでは、ラウンドテーブル型研修後に運営者（コーディネーターとファシリテーター）が、当日のラウンドテーブルをどのようにふり返っているのかを見ていきます。

4-1　ラウンドテーブル型日本語教師研修後の運営者によるふり返りの会

　ラウンドテーブル型教師研修終了後は運営メンバー全員（コーディネーターとファシリテーター）が集まり、おおよそ1時間のふり返りの会を行います（**表4-1**の⑥）。

　ここでは、グループ内で語り手1、2はどのような内容を語ったのか、語りはどうだったのか、また、グループ内のやりとりやその様子についてメンバー間で共有します。次に、グループ内の運営について、どうだったのかを共有します。例えば、語り手が話しすぎてうまく流れを作ることができなかった、語り手の語りの内容が短すぎたなどがあげられます。

表4-1　スケジュールの1例（グループ内に語り手が2人いる場合、表3-1を再掲）

活動内容	時間
①　オリエンテーション（全体活動）	09:30 〜 09:50
②　自己紹介（グループ活動）	09:50 〜 10:10
③－1　実践を協働でふり返る体験（1人目）（グループ活動）	10:10 〜 11:30
お昼休み	11:30 〜 12:30
③－2　実践を協働でふり返る体験（2人目）（グループ活動）	12:30 〜 13:30
④　グループで感想の共有（グループ活動）	13:30 〜 13:50
⑤　全体共有（全体活動）	13:50 〜 14:30
終了	14:30
⑥　運営者によるふり返りの会	15:00 〜 16:00

4-2　ふり返りの会におけるファシリテーターの声

【事例 1】

　渡辺さんは、ラウンドテーブル型研修に参加したことはありますが、今回は初めてファシリテーターという立場で参加しました。ふり返りの会では、以下のように語っていました。なお、個人名はすべて仮名です。

　ファシリテーターは初めてだったので、語り手が積極的に話してくれて、非常に助かりました。正直に言うと、語り手の話が途中で終わったらどうしようかって思ったんです。レジュメが箇条書き形式だったのですが、これだけお話されるのであれば、たぶん大丈夫だろうなって思いました。聴き手のお一人が語り手の語りを、相槌を打ちながら聴かれていましたが、ただ、途中からすごく話したそう（発言しそう）になってきたようですが、我慢されて、あまり言ってはいけないという頭があったようです。

（中略）

　また、語り手はレジュメに書いてあるつもりで話しているとは思いますが、内容がぶれてくるんですね。

　渡辺さんは語り手のレジュメが箇条書き形式で簡単に書かれていたため、語り手の語りが早めに終わったらどうしようかと心配していたようです。聴き手に目を向けると、語り手が話している最中に、何か話したがっていたようでしたが、「聴き手は聴き役に徹する」というマナーに則って、我慢していた様子が見受けられます。また、語り手がレジュメに書かれていたこととは違うことを話し出した場合のコントロールが難しかったようです。このような渡辺さんのふり返りに対して、ファシリテーターとして何回も参加している斉藤さんが「語り手はなんでも話していい状況なので、なんでも話しちゃうんですね。話さないとその方はストレスを抱えてしまいます。もし、チャレンジなさるんでしたら、どうして、それをしたのですかという問いか

けをすると、さらに話が深くなりますよ。」とアドバイスをしています。渡辺さんは、ファシリテーターのふり返りの会に参加することによって「語り手や聴き手として参加したときには全然見えてこなかったことが見えてきた。反省会（＝ふり返りの会）に参加しているだけで、学びがありました」と述べています。

　このようにファシリテーターの経験値は異なります。何度もファシリテーターをすることによって、様々な事例を経験し、ふり返りの会でふり返りを行うことが、力量形成につながると言えるでしょう。

【事例 2】
　次の事例は、韓国で日本語教師をしている A さんの語りをめぐるファシリテーター王さんのふり返りです。A さんは夏休みを利用して国内で開催されたラウンドテーブルに参加し、韓国での実践を語りました。ファシリテーターの王さんは語り手としても参加していました。

　　（語り手の）A さんは話が終わった後、「アドバイスをお願いします」と言いました。そうすると、特に帰国している間、新情報を持ち帰ることに興味がある。みんな（聴き手）の話し合いはそちらにいってしまった。正直に言って、こういうやりとりをみて、これは情報提供のレベル、要は語りの深さはいろいろありますので、みんな（聴き手）面白いグッズ（教材や教え方等）を提供して、それを A さんがいちいちメモして、そのとき、私はどうなるのかなと思った。話は自分の中の（課題）にあるのではなく、外のまわりの事項（面白いグッズ）ですね。A 先生自身の考えに、何らかの関連があるのかもしれませんが、触れていないというのが印象的だった。（中略）
　　私が語り手として話しているときに、何らかの現象について話しましたが、結局それについて、他の聴き手が（語り）を広げて（くれましたが）、実は私からみると表面的なこと、もっと本質的なことに突っ込んでほしいと思いましたが、表面的なことについて展開している。私から

みれば自分の伝えたいことを議論したい。核心となる問題。（中略）

　もちろん情報交換でもとても意味があると思いますね。例えば、韓国のことだけでもそれを知るだけでも勉強になる。みんなの情報を出し合うのはいいこと。でも、深い話に導くにはどうすればいいのか。

　王さんはファシリテーターとして、そして実践の報告者としてラウンドテーブル型研修に参加し、それぞれの立場でのジレンマを語っています。

　まずは、王さんがファシリテーターの役割を担っているときに、Aさんが報告の終わりに「アドバイスをお願いします」と言いました。この一言をきっかけにして、聴き手が各々アドバイスを始めました。日本語教育に関する情報が少ない海外で日本語を教えているAさんにすれば、日本における日本語教師の研修はまたとないチャンスと捉えたのかもしれません。また、聴き手も親切心から、せっかく海外から参加しているAさんに教材等の情報を提供したいと考えたのではないでしょうか。しかし、第2章でも述べましたが、ラウンドテーブル型研修は、知識の伝授ではなく、語り手が自らの実践を語ることで、自分が何にこだわり、どのような価値観を持ち、その価値観は何に基づいているのかを明らかにするように導いていきます。王さんは論点が「自分（Aさん）の中の（課題）」ではなく、「外のまわりの事項（面白いグッズ）」に終始してしまっていることに不安を覚えていたようです。また、王さん自身が語り手として実践を語りましたが、その際も、本質的なことについての問いかけがなく、語りも展開していかなかったことに納得できていない様子です。

　王さんは、ファシリテーターと語り手という2つの役割を通して、最後に「みんなの情報を出し合うのはいいこと。でも、深い話に導くにはどうすればいいのか」という問いかけをしています。研修後のファシリテーター同士のふり返りの会では、このような問いかけを投げかける場でもあります。これに対してファシリテーターの山本さんが「表面的技術的なことを共有する場ではないんだということが分かったんですが、その点もどのように深めておさめていくのかとか、どういうふうに落とし込んでいくのかというの

は、かなり難しいと思いました」と王さんに共感を示しています。山本さんも担当したグループで同様の状況があったようです。このような状況を包み隠さず発信し、共有することも肝要なこととなります。その場ですぐに答えは出ずとも、協働によって様々な点に気づきを得たり、他者と関わることによって、省察を重ねる機会を持つことで、結果的にファシリテーターの成長につながるのではないでしょうか。

【事例3】

　ファシリテーターの高橋さんは、ラウンドテーブル型教師研修に約12年参加しています。日本国内のみならず、海外でも語り手やファシリテーターとして参加しています。以下は、ベトナムで開催されたラウンドテーブル型研修後に行われたふり返りの会での高橋さんのふり返りです。

　新人日本語教師が上司や周囲の仲間と相談しながら、日々奮闘している語りを聴いた聴き手のBさんについて語っています。

　　Bさんの職場ではどんどん学習者が増加し、それに伴い教師数も増加しているそうです。そこで問題なのは教員の質の担保ができないとのことでした。ただ、Cさん（新人日本語教師）の語りを聴いて、Bさんはあまり職場の教師の声を聴いてこなかったのではないかとおっしゃっていました。Bさんは職場の責任者で、教師経験も長いのですが、Cさんのふり返りを、一切、チャチャをいれることなく、聴いていました。BさんはCさんが職場の上司とよく相談しているという語りを聴いて、自らも自分の職場の人の話を聴かなければいけないと思ったそうです。そうしなければ、組織はだめになるとおっしゃっていました。相当な危機感を持ったようです。私は、若い新人教師の話を聴いて、Bさんは、自らの職場や実践内容を重ね合わせることによって、Bさんもふり返りをしていたのだなと感じました。BさんとCさんの職場に置かれた立場は違っても、共感できる部分はあるのだなと思いました。そして、日本語学習者や日本語教師が急激に増えているベトナムだからこそ、ラウ

ンドテーブルのように実践を語ったり、聴いたりする場の必要性を改め
て感じました。

　先にも述べたように、日本での就労や現地の日系企業への就業、技能実
習制度を利用した渡日を希望する学習者が日本語学校等に通うケースが多
くなったことがあげられています。日本語教師も増加し、その伸び率は、
2015 年から 2018 年のわずか 3 年で約 4 倍となっています。つまり、日本へ
の送り出しを主とする日本語教育機関においては教師教育を行う余裕はあま
りないことが推察されます。教師を雇う側も雇われる側も余裕がないという
ところではないでしょうか。職場は違えども、責任者という立場の B さん
が新人日本語教師という立場の C さんの語りを聴くことによって、B さん
が自らの実践のふり返りをしていたようです。そして、ファシリテーターの
高橋さんは多様な背景をもつ海外でのラウンドテーブル型研修の意義を感じ
取っているようです。池田・朱 (2017) は海外で研修に取り組む場合、まず
はその国の教育現場の文脈を理解し、現地の可能性や選択肢を支援すること
が重要だとしています。ファシリテーターもその国の教育的施策や日本語教
師の立場やその背景にある政治的・経済的状況を把握することは、参加者の
実践を理解する 1 つのヒントとなるのではないでしょうか。
　このようなふり返りの会はラウンドテーブルの直後に毎回、運営者 (ファ
シリテーター、コーディネーター)だけで行います。そうすることによって、
運営者は各グループの実践の様相を共有し、そこからさらに運営者自身がふ
り返ることがあります。
　ここで、グループの参加者をどのように支援したのかについても共有する
ので、グループ内の成功例や失敗例から支援の仕方を学び取っていきます。
したがって、この情報共有の場は運営者が力をつけるためには、とても意義
のある場でもあります。

4-3　ファシリテーターの役割と力量形成

　ここで、ファシリテーターについて考えましょう。

　ファシリテーターとは、援助を促進する人（星野 2003）のことを意味しています。池田（2013）は、ラウンドテーブル型研修において、参加者の語りのプロセスに関わり、グループメンバー個々の考え方を尊重し、参加者を評価することなく受け入れ、気づきを促す役割を担うことと定義しています。さらには、グループ内のメンバーと他の人をつなげる役割（池田・朱 2017）としており、参加者同士の学び合いを促進していると言えるでしょう。堀・加留部（2010）によると、ファシリテーターの役割はその場に応じて参加者からの気づきや学びを引き出すことだと述べています。また、研修を通じてファシリテーター自身が変わっていく（＝学んでいく）ことが参加者の支援を促進させ、参加者の学びを深めていくとしています。

　これらをまとめると、ファシリテーターの役割とは、参加者の語りのプロセスを通して、参加者の気づきを促すこと、参加者同士の関係性を構築すること、ファシリテーター自身も変わっていくこと、参加者への支援はもちろんですが、その学び合いの場を支援することだと言えるでしょう。

　三輪（2009）は、省察的なファシリテーターの役割として、2つのタイプをあげています。まず、1つは消極的なファシリテーターの役割で、これは参加者の自己決定性を尊重し、参加者の内なる声を聴き、参加者自らが学習課題を設定していくのを支援するという役割です。もう1つは積極的なファシリテーターの役割で、こちらは、参加者の固定的な意識を、教化にならない程度において問いかけや問い直しをし、学習課題の根拠に自覚的になるようにはたらきかけ、参加者が意識変容を進めていくという役割です。つまり、前者の参加者へのはたらきかけは、聴くことが中心で、後者は聴くだけではなく、問いかけることも含まれてきます。

　ここで、消極的なファシリテーターの例と積極的なファシリテーターの例について紹介します。

　まずは、消極的なファシリテーターの例について述べます。

　ある語り手が、これまでの実践についてのレジュメを準備し、その内容について聴き手に語ります。しかし、ファシリテーターや聴き手の受容的態度に安心しながら語っているうちに、レジュメに書いたものとは異なる視点に気づいたり、課題を見出していくことがあります。もし、ファシリテーターや聴き手が各々の関心をもとに、自らの体験や意見などを発言していたら、語り手のふり返りも進まないという状況もあり得るでしょう。このような受容的な態度や場をコントロールすることもファシリテーターの役割の1つと言えるでしょう。

　次に、積極的なファシリテーターの例について述べます。

　ある語り手が「学生の教材内容の理解に深まりが見られない」ということをおっしゃっていました。深まりの足りなさを何度か語っていたので、ファシリテーターが「深まり」とはどういうことかということを質問しました。すると、語り手は時間をかけて考えている様子が窺われました。そして、自分の考えの中にも深まりが足りないのはないか、それが何かを考えていきたいとおっしゃっていました。このように語りの中に出てくる言葉に着目して問いかけることによって、学生の課題だと認識していたことが、自らの課題なのではないかと意識が転換していくこともあります。もちろん、その場で答えを出す必要はなく、考え続けていくことが、語り手の今後の実践の1つの指針となっていくこともあるでしょう。

　このように、参加者のふり返りを深めるプロセスにファシリテーターの担う役割が大きく影響していることがわかります。

　一方、ファシリテーターの役割に対する不安もあります。グループ内では「聴き手は聴き役に徹する」というルールを共有しているのにもかかわらず、聴き手が自分の経験を話したり、語り手にアドバイスをしたりする場面もあり、ファシリテーターがその対応に苦慮する場合もあります。また、ラウンドテーブル型研修のファシリテーターの経験が少ない場合は、聴き手や語り手へどのように対応していいのかわからない場合もあります。このように、場のコントロールをしつつ、臨機応変に参加者同士の学びあいを促進することは簡単なことではありません。場のコントロールがなされない場合は、上

述の消極的・積極的ファシリテーターの役割を果たすのも難しくなるでしょう。複雑で多様な研修の状況に臨機応変に対応していくには、既製のマニュアルのような枠組みでは対応するのは難しいことです。

　そこで、研修後のふり返りの会でファシリテーター同士のふり返りの場を持つことが有効となってきます。その際に、個々のグループ内での様子を伝え合い、各々がファシリテーターとしての実践についての省察を進めていきます。三輪 (2009) は、実践者は問題の「解決」ではなく問題状況の「設定」を行う作業の中で、自らの認識の枠組み（フレーム）の転換作業を行っていると述べています。ファシリテーターもまた、ファシリテーターという実践を積み重ね、研修後のふり返りの会で、自らの実践を語り、さらに、様々なファシリテーターの語りを聴くことで、新たな視点を得、それを自らのファシリテーターの実践に照らし合わせて検討し、マニュアル化できない実践知（三輪 2009）を明らかにしていくことになります。このようなプロセスを経て、役割についての新たな認識を得ることが可能になるのではないでしょうか。このようなプロセスを継続的に繰り返すことが、ファシリテーターの意識変容や力量形成を支えていくものと考えます。

第5章

これまで行った
実践を省察するラウンドテーブル型
日本語教師研修の紹介

　ラウンドテーブル型研修は、2008 年 8 月から東京と北京において、不定期に開催されてきました。そして、2015 年から「学びを培う教師コミュニティ研究会」の活動として、ラウンドテーブル型研修「実践のプロセスを協働でふり返る―語る・聴くから省察へ」をおおよそ年 2 回開催しています。近年は、それぞれの現場の状況や実践を行うみなさんの希望によって、上海、ベトナム（ハノイ）での開催や、オンライン開催等へとラウンドテーブル型研修の開催方法や内容もゆるやかに拡がってきました。それぞれの立場や「特定の目的のための日本語教育」の枠組みを超えて、様々な日本語教師が実践に真摯に向き合い、複雑な教育現場から学び合うことが重要だと考えています。それは、1 人ではなく、多くの実践者とともにやりとりする中で、誰にでも通底する学びがあると考えているためです。では、これまでのラウンドテーブル型研修における学びは、どうだったでしょうか。

　本章では、2015 年からのラウンドテーブル型研修とその拡がりについて見ていきます。

5-1　国内開催

　研究会起ち上げ前の不定期開催も含め、ラウンドテーブル型研修の国内開催は、**表 5-1** のように行ってきました。これまでの実践の詳細については、ホームページ（学びを培う教師コミュニティ研究会 https://manabireflection.com/）をご参照ください。

表 5-1　ラウンドテーブル型研修　国内開催[1]

年月日	開催場所
2008 年　8 月 20 日・21 日	お茶の水女子大学
2014 年　8 月 30 日	
2015 年　8 月　6 日	目白大学
2016 年　3 月　5 日	玉川大学
2017 年　3 月 11 日	
2017 年　8 月　5 日	武庫川女子大学

　第 2 章でも述べましたが、ラウンドテーブル型研修は、「地域や職場での実践をじっくりふり返ってみたい」「心に残っている実践の場面を丁寧にふり返ってみたい」「日本語ボランティアをしている」「他の人の実践を聴きたい」「成人教育・成人学習に関心がある」「日々の仕事に忙しくふり返る時間がない」「語る・聴くことの意味を考えたい」という人を想定して募集しています。参加者には、ラウンドテーブル型研修に参加したことのあるリピーターや、ラウンドテーブル型研修に関する学会発表を聞いて参加した人も多くいました。

　参加の方法としては、大きく、「語り手」と「聴き手」があります。初めは聴き手として参加し、その後、語り手として参加した人、逆に、「以前は語り手を経験したので、今回は聴き手としてじっくり実践を聴きたい」という参加者もいました。語り手として、聴き手として、両方の立場から学べることがラウンドテーブル型研修にリピーターが多い理由なのかもしれません。また、夏休み、春休み等の長期休暇中に、海外からの帰省にあわせて参加した人もいました。

　語り手からは、「普段、意識の下に埋もれていて気がつかないことを、ことばにして考える重要性を実感した」、「こんなに長い時間話すことはできないと思ったが、話し始めてみると、聴いてもらえる環境があることで、時間が足りなくなるほどだった」、また、聴き手からは「自分と同じ悩みを語り

手も持っているのだと思った。自分だったらどうするのか考えた」、「国内外の違いはあるが、同じ教師として共通する点が多いことに気づいた」という声がありました。

　ラウンドテーブル型研修を主催する筆者らは、回を重ねるごとにリピーターと再会する場面もあり、徐々にコミュニティが育まれつつあることが実感できました。また、ラウンドテーブル型研修を経験し、自分の職場で「ラウンドテーブル型研修」を行ってみた、という声もありました。これまでラウンドテーブルの参加者は、日本語学校、大学等の日本語教師を中心としたものでしたが、今後は、看護や介護の日本語に携わる人やビジネス日本語教育に関わる人などにも対象を拡げていきたいと考えています。

国内でのラウンドテーブル型研修の様子（2017 年）

5-2　海外開催

　ラウンドテーブル型研修の海外開催は、**表 5-2** のように行ってきました。これまでの実践の詳細については、ホームページ（学びを培う教師コミュニティ研究会 https://manabireflection.com/）をご参照ください。

表 5-2　ラウンドテーブル型研修　海外開催 [2]

年 月 日	開催場所
2010 年　3 月 26 日	中国・北京／北京外国語大学北京日本学研究センター
2011 年　4 月　7 日	
2011 年　6 月 12 日	
2012 年　4 月　5 日	
2012 年 11 月 23 日	
2015 年 12 月 19 日	
2016 年 10 月 29 日	中国・上海／華東師範大学外国語学院日本語学科
2017 年 11 月　4 日	
2018 年 12 月 15 日	
2019 年　5 月 19 日	ベトナム・ハノイ／名古屋大学日本法教育センター
2019 年 12 月 22 日	中国・上海／華東師範大学外国語学院日本語学科
2021 年　9 月　5 日	ベトナム・ハイフォン／ ASV 日本語センター（オンライン）
2021 年 12 月　5 日	中国・上海／華東師範大学外国語学院日本語学科（オンライン）

5-2-1　中国・北京ラウンドテーブル型日本語教師研修

　2015 年 12 月、海外初開催となるラウンドテーブルを、中国・北京の北京外国語大学北京日本学研究センターで行いました。このラウンドテーブル型研修は、学びを培う教師コミュニティ研究会、北京日本学研究センター日本語教育コース、北京日本語教師会の共催で実施しました。各コーディネーターやファシリテーターがアイディアを出し合い、募集方法、実施方法もすべて手探りで始めました。研究会のメンバーは、日本からファシリテーターとして参加し、参加者がどのような背景や実践を持っているのか、中国、北京に思いを馳せながら準備を進めました。

　当時、北京は PM2.5 によるスモッグが深刻な状況で、幼稚園や小学校が閉鎖されるほどでした。ラウンドテーブル型研修の開催も危ぶまれましたが、子連れで参加する人もいました。また、北京以外からも電車や長距離バスで参加する人もいました。学びへの強い思いや、姿勢が反映されたラウンドテーブル型研修となりました。

　参加者には、中国で日本語教師を目指して学んでいる大学院生、日本留学

を経て中国で日本語教師となった人、定年退職後、日本語教師となった元会社員の方等、年齢、背景、日本語教師になったプロセスも様々な人がいました。コーディネーターの「じっくり・ゆっくり・たっぷり」を合い言葉に、現在チャレンジしていること、直面している課題や困難、実践を継続していく中で見えてきたことなどが、時間をかけて丁寧に共有されました。

　北京で活躍する若い先生方が多く参加し、またこれからの日本語教育を担う院生の参加もあったことから、このコミュニティが世代継承サイクルを持ちながら発展していく可能性が窺えました。

5-2-2　中国・上海ラウンドテーブル型日本語教師研修

　上海の華東師範大学外国語学院日本語学科で、これまで5回の研修を行っています。

　2016年10月29日に、上海で初めてラウンドテーブル型研修を開催しました。学びを培う教師コミュニティ研究会と華東師範大学外国語学院日本語学科が共催で実施しました。華東師範大学、上海外国語大学、復旦大学、上海大学、上海師範大学、上海対外貿易大学、上海海洋大学など、上海にある大学で日本語を教えている中国人の先生や日本人の先生が参加しました。また、蘇州大学や浙江理工大学、南通職業大学など上海周辺にある大学からも日本人の先生が参加しました。それから、甘泉中学校や上海経済管理学校などの中等教育機関で日本語を教える先生もいました。日本からのファシリテーターを含めて、合計40人近くの参加がありました。

　「実践のプロセスを協働でふり返る―語る・聴くから省察へ」という研究会のコンセプトに関心を寄せてくれた先生たちが多かったのですが、依頼した語り手からは、レジュメをどう準備すればいいか、学会発表のように準備すればいいかという質問がたくさん寄せられ、戸惑いが見られました。そこで、共同主催者である上海のコーディネーターは、日本側のコーディネーターからラウンドテーブル型研修とは何か、今まで開催されたラウンドテーブルの、雰囲気のわかる写真を添えた説明の文書をもらい、個別に語り手に

興味を持ちそうな先生にメールで送って、ウイチャット（WeChat）[3] を使って中国語で説明しました。そのようなことを繰り返して行い、7 つのテーブルで 14 人の語り手を確保しました。

　午後 1 時半から 5 時半まで、ラウンドテーブルを行いました。テーブルが 7 つあり、それぞれ語り手が 2 人いました。初めての開催とはいえ、語り手は熱く語り、聴き手はじっくり聴き、ともにふり返りました。夜は懇親会があり、互いの親交を深めました。

　上海ラウンドテーブル型研修の特徴は、大学の中国人の先生と日本人の先生が共に参加していることと、中学校などの中等教育機関の先生も参加していることです。これは中国で初めての試みだと言えます。

　2017 年 11 月 4 日に、第 2 回目の研修を開催しました。新たに上海交通大学、華東理工大学、東華大学から 40 人近くの先生が参加しましたが、リピーターの先生が多かったようです。会場から「こんなに長い時間をかけて自分の実践を語るのがはじめての経験で、とても新鮮でした」「じっくり聴いて考えることの大切さがわかりました」「普段の授業で自分がどれだけしゃべっていたか、今日学生になったつもりで、聴いてみてわかりました。これから自分がしゃべるのを少なくし、学生に大いにしゃべってもらおうと決めました」という声がありました。

　2018 年 12 月 15 日の 3 回目の研修では、新たに上海財経大学、同済大学、華東政法大学、華中科技大学、南京郵電大学など上海や湖南省、江蘇省にある大学から先生が参加しました。当時ハノイ日本語教育研究会の代表者がはるばるベトナムから参加し、2019 年のハノイラウンドテーブル型研修の開催につながったため、国境を越えた日本語教師のつながりができたと実感しました。ラウンドテーブル型研修の感想について「問う力　教えるよりも教えられる」、「勉強も　教師にとって　仕事なり」のように、川柳をよんでいる先生もいました。

　続く、2019 年 12 月 22 日の 4 回目の研修では、新たに杭州師範大学、浙江工商大学、南通大学、南昌大学から先生が参加しました。ベトナムからも日本人の先生が 2 人が参加し、合計 44 名の参加人数でした。2019 年の特徴

は、参加者が増えたことによりファシリテーターを担う人が足りず、中国現地の先生が、新たにファシリテーターという役割を担ったことです。

　このように2016年から細々と始めた上海ラウンドテーブル型研修ですが、5年間で徐々に規模が拡大され、中国人の先生も日本人の先生も、大学の先生も、中学校の先生も全員で実践をふり返ろうという場になりました。2020年は新型コロナウィルス感染拡大のため、中止となりましたが、「オンライン」で開催してほしいという要望があり、2021年はオンラインで開催しました。今後、ラウンドテーブル型研修が上海で根付き、中国の新しい時代に応じた、教育の質の向上を担う先生方の省察の場になればと考えます。

中国・上海ラウンドテーブル型研修の様子 (2019 年)

5-2-3　ベトナム・ハノイラウンドテーブル型日本語教師研修

　2019年5月、ベトナム・ハノイで初めてラウンドテーブル型研修が開催されました(ハノイ名古屋大学日本法教育研究センター)。上海ラウンドテーブル型研修に参加した参加者の、「ぜひベトナムでもラウンドテーブルを開催したい」という希望から実現しました。学びを培う教師コミュニティ研究会とハノイ日本語教育研究会の共催で開催したラウンドテーブル型研修は、日本側の運営者だけでなく、ベトナムの先生らと協働でつくりあげました。打ち合わせも、コーディネーターとして参加してくださったハノイ日本語教

育研究会の代表者の日本一時帰国にあわせ、対面で時間を十分にとってじっくり行いました。ベトナム、特にハノイの背景、日本語教育事情、日本語教師の働き方などについても聞きながら、「ベトナムならではのラウンドテーブル」を目指しました。

　開催当日は気温40度、体感温度50度といわれる暑さでしたが、これに負けないくらいに、参加者の方々のベトナムの日本語教育に対する熱い思いを感じました。ベトナムの特色としては、多様な教育現場の先生方の参加が挙げられます。日本企業への送り出し機関で日本語教育を担当する研修講師、介護関係で日本語教育に関わる人、中等教育機関の教員、日本語学校の教員など様々で、ベトナム人日本語教師の参加もありました。そして、総勢24名が5つのテーブルに分かれ、日本語教育に関わるベトナム人日本語教師と日本人日本語教師の実践の声に丁寧に耳を傾け、語り合い、ともにふり返りました。このようなともに学び合う場がベトナムでもつくられていく可能性を感じる開催でした。参加者からは「はじめてこのような会に参加して、とても新鮮でした」、「ふり返ることによって、気持ちのもやもやが吹っ飛ばされて、すっきりしました」、「人の話を聴くことは実に難しいと参加してわかりました」、「話し合いながら、学びが深まりました」等の声がありました。

　このベトナムでのラウンドテーブル型研修でのつながりは、同年12月に開催された、言語文化教育研究学会とハノイ日本語教育研究会共催の国際研究集会「学習者・教師の学び合い」に続きました。その後、「学びを培う教師コミュニティ研究会」と「ハノイ日本語教育研究会」共催の方向で、次回の開催（2021年秋）の準備を進めていました。しかし、この後から新型コロナウィルスの感染状況が世界的に悪化の一途をたどり始めました。この状況は、ラウンドテーブル実施の意味、開催の在り方について、改めて問い直し、考えていくきっかけともなりました。集い、テーブルを囲んで対面でゆっくり語り聴きあうことを大切にしてきたラウンドテーブルをオンライン実施することで危惧されること、逆に良くなること、新たに考えられることなど、運営メンバーで何度も話し合いました。その結果、これまでのつなが

りをつなげていくことや、得られる学びに可能性を感じ、オンライン開催を決定しました。

　それでも当初は、開催地ベトナムでは対面の会場を用意し、ベトナム会場と、日本にいるファシリテーターをつないでの開催を考えていました。しかし、ベトナムにおいても新型コロナウィルス感染状況はひどくなる一方であったため、最終的には、全員フルオンラインでの開催（Zoom）となりました。

　初めてのオンラインラウンドテーブル開催に際しては、プライベートに関する話をすることが多いため、それがオンライン上で拡散されたり漏れたりすることがないように注意事項や参加のルールを設け、丁寧に参加者に説明をしていきました。2021 年 9 月、ラウンドテーブル当日は、大学の教員、院生、日本語学校教員、中学校・高等学校の教員、人材育成センターや日本の企業との連携で日本語教育に関わる人など、ベトナム、中国、日本からあわせて 29 名が参加しました。Zoom のブレイクアウトルームをラウンドテーブルの「テーブル」と見立て、5 つのグループで実践の長い語りをともにふり返り、学び合いました。

　当日、ベトナムは台風の影響でインターネット接続状況が不安定な地域、落雷による停電が起きた地域もあり、参加が中断されてしまうこともありました。しかし、なんとか 6 時間にわたるラウンドテーブルの幕を閉じることができました。

　参加者からは、「語ることで自分が客観的に見られた」「語り手は、悩みながらも爆発的に話してくれた」「オンラインだったので、聴き手は頷きなどのリアクションを大きくした」「長いなと思ったけれど、あっという間でした」「共感することが多く、あるあるが見つかった」などの感想が聞かれました。初めての試みではありましたが、今回のような形でのラウンドテーブルができたことで、コロナ禍における新しいラウンドテーブルの可能性が見られました。

ベトナム・ハノイラウンドテーブル型研修の様子 (2019 年)

注

1./ 2.　2014 年より前は「ラウンドテーブル」という名称は定着しておらず模索期間が続いた（113 ページ図 6-1 では「実践のふり返り活動」と表示）。2014 年から研修名を「ラウンドテーブル」に統一した。なお、2014 年より前の活動内容や考え方は、現在のラウンドテーブルと同じである。

3. WeChat は中華人民共和国の大手 IT 企業テンセントが開発したインスタントメッセンジャーアプリのことである。中国語では「微信」という。

第 6 章

越境学習としての
実践を省察するラウンドテーブル型
日本語教師研修

―コミュニティを横断して学ぶ―

　第6章では、ラウンドテーブル型研修を継続的に行うことによって、参加者が上海、日本、ベトナムのラウンドテーブルに参加するようになったことやその様相について示します。実際の事例を紹介しながら、国境を越えて学び合うことの意味や可能性を示します。

6-1　新たな現象

　筆者らは2007年から実践のふり返り活動を行ってきましたが2014年から活動の名称を「ラウンドテーブル型教師研修」に改めました。そして、それぞれの国でラウンドテーブルを継続して行っているうちに、興味深い現象が浮かび上がってきました。それは、参加者や運営者が自律的に自国内やアジアを横断して、他国のラウンドテーブル型研修に参加して学び合うというものです。**表6-1**は5名の参加者と運営者のプロフィールです。ここでいう「参加者」は聴き手か語り手です。また、「運営者」はファシリテーターかコーディネーターをさします。**図6-1**は、かれらがコミュニティを横断した経路を表します。

表6-1　参加者と運営者の情報

	ラウンドテーブルにおける役割	所属	国籍	性別	年齢
A	参加者	上海の某大学の日本語教師	日本	女性	50代
B	参加者と運営者	ベトナムの某大学の日本語教師	日本	男性	30代
C	運営者と参加者	北京の某大学の日本語教師	日本	男性	30代
D	参加者	ベトナムの某大学の日本語教師	日本	男性	50代
E	運営者と参加者	上海の某大学の日本語教師	中国	女性	50代

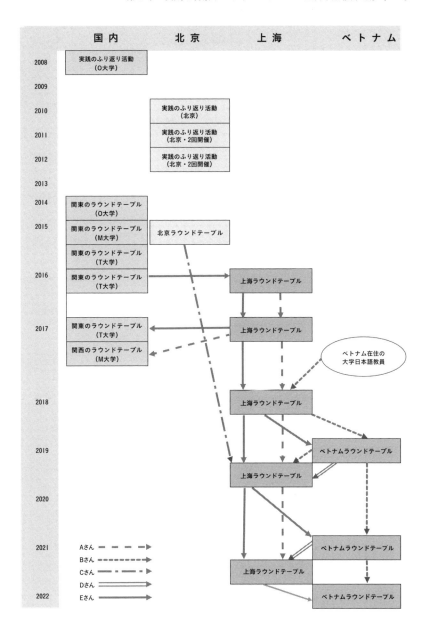

図 6-1　コミュニティを横断する参加者の例

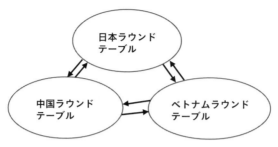

図 6-2　コミュニティを横断するイメージ図

　図 6-2 は、各ラウンドテーブルの参加者やファシリテーターらが、他のコミュニティに参加した様相を示したものです。例えば、日本語でラウンドテーブル型研修に参加した日本語教師が、あるときにベトナムで開催されたラウンドテーブル型研修に参加し、その後、日本で開催されたラウンドテーブル型研修に参加するという場合です。この場合は、「日本ラウンドテーブル」→「ベトナムラウンドテーブル」→「日本ラウンドテーブル」というように示すことができます。日本、上海、ベトナムというように、それぞれの国で毎年ラウンドテーブルが開催され、コミュニティができあがってきたため、参加者やファシリテーターらが国を横断してラウンドテーブルに参加することが可能になりました。また、他国のラウンドテーブルで、様々な環境に置かれた日本語教師と出会い、学び合うことで多くの刺激を受けていることも窺えます。

　では、具体的にどのような学びがあるのでしょうか。以下で詳しく見ていきます。

A さん（上海の某大学の日本語教師、日本人女性、50 代）：参加者

　A さんは 2016、2017 年の上海ラウンドテーブル型研修に続けて参加し、2017 年に日本に一時帰国していた時に、関西でラウンドテーブル型研修が開催されることを研究会のホームページで知り、2017 年の関西ラウンドテーブル型研修に参加しました。その後、上海に戻り 2018、2019 年のラウ

ンドテーブル型研修に連続して参加しました。

B さん（ベトナムの某大学の日本語教師、日本人男性、30 代）：参加者と運営者

　B さんは 2018 年にベトナムから上海のラウンドテーブル型研修に初めて参加し、その後ベトナムでラウンドテーブル型研修の開催を主導し、研究会の運営者とともに初めて 2019 年にハノイでラウンドテーブル型研修を立ち上げました。また、ここで B さんはコーディネーターとファシリテーターの両方の役割を担いました。その後、2019 年の上海ラウンドテーブル型研修にも参加者として参加し、ベトナムで実施したラウンドテーブル型研修のことを上海で語りました。また、2021 年においてはコロナ禍の影響を受けて日本の運営メンバーがベトナムに渡航ができなかったため、ベトナムと日本をオンラインでつないで、ハイフォンを拠点としてラウンドテーブル型研修を開催しました。B さんはここでは、ベトナム側のコーディネーターの役割を担いました。

C さん（北京の某大学の日本語教師、日本人男性、30 代）：運営者と参加者

　C さんは 2015 年の北京ラウンドテーブルの立ち上げの際に、北京側のコーディネーターとしてラウンドテーブル型研修を主導し、ファシリテーターとしても参加しました。その後、2019 年の上海ラウンドテーブル型研修では北京から移動して参加しました。

D さん（ベトナム在住の日本人日本語教師、日本人男性、50 代）：参加者

　D さんは 2019 年のベトナムラウンドテーブル型研修（5 月）に参加し、その同じ年にベトナムから上海のラウンドテーブル型研修（2019 年）に参加しました。

E さん（上海の某大学の日本語教師、中国人女性、50 代）：参加者と運営者

　E さんは、2016 年の夏、はじめて関東の T 大学でラウンドテーブル型研修に参加しました。2016 年に上海ラウンドテーブル型研修を運営メンバー

とともに立ち上げ、2017 年に関東の T 大学のラウンドテーブルに参加しました。その後、4 年間継続して上海でラウンドテーブル型研修のコーディネーターとファシリテーターを担いました。また、2019 年にベトナムのラウンドテーブル型研修の立ち上げの際には、上海からベトナムに移動して、ラウンドテーブル型研修のファシリテーターとして参加しました。その後、同じ年に上海でラウンドテーブルを実施し、2021 年にはハイフォンラウンドテーブル型研修（オンライン開催）にファシリテーターとして参加し、同年の上海ラウンドテーブル（オンライン）のコーディネーターを担当しました。

　また、日本側の運営メンバーは、毎年、上海またはベトナム、日本のラウンドテーブル型研修に参加しています。このように、それぞれの国でラウンドテーブルを立ち上げ、参加者同士の学び合いやコミュニティができあがるとともに、本研修を軸に国を横断して学ぶ現象が現れていました。また、様々なコミュニティを移動して学ぶことを「越境学習」と捉えることができます。では、「越境学習」とは何でしょうか。

6-2　越境学習とは

　越境とは境界横断ともいわれ、境界を横断することを意味します。香川・青山（2015）によれば、越境とは実践コミュニティと他のコミュニティとの間の境界を超えることであるといわれています。また、この中で異なる文化体験や他者との関わりを通して、自分が当たり前だと思っていたことが、実はそうではないと気づくことで、これまでの自分と異なる価値観を持つようになることがあるとしています。越境という概念を提唱したエンゲストローム（1999）は、他者との越境的な関わりの中で、自分自身の相対化や視野の拡大が期待されていると述べています。つまり、越境とは、個人の変容やコミュニティの変容に深く関わっているものだと言えるでしょう。こうした変容の考え方は、先にも述べたクラントン（2004）の成人学習論や意識変容の学

び（メジロー 2012）の考えに通じることがあります。ここでは「越境学習」についてもう少し掘り下げて紹介します。

　石山（2018）は「越境学習」には主に 2 つの考え方があると述べています。1 つは、中原（2012）が示した考え方です。中原は越境学習を「個人が所属する組織の境界を往還しつつ、自分の仕事・業務に関する内容について学習・内省すること」（p. 186）と定義しています。また、中原（2012）は組織や職場学習に着目し、越境学習の対象者は組織に所属する働く人としています。もう 1 つは、香川（2011）の考え方です。香川は学習者が複数の状況を横断する際に、そこで生じる葛藤、摩擦、軋轢、矛盾に注目し、「文脈横断論」を越境の定義としています。その対象となる人は、異なる状況を横断するすべての人としています。

　日本語教育では、中原（2012）のように組織人だけを対象にしているのではありませんので、その対象を広く捉えている香川（2011）の考え方を中心に見ていきます。

　上述した「文脈横断論」の中で香川（2011）は、ある個人がある実践共同体に参加しつつ、別の実践共同体にも参加すれば、それは文脈横断といえるだろうと言っています。香川は、「文脈横断」と「越境」という言葉を同じ意味で使っていると捉えることができます。ラウンドテーブル型研修では、国内のラウンドテーブル型研修という実践共同体に参加しつつ、上海のラウンドテーブル型研修に参加する場合に「文脈横断」ということになります。また、香川（2011）は、個人と状況は分かれることなくつながっていると述べています。つまり、個人を取り巻く環境や状況はつながっているので、ある人が移動することによって変化し、また逆に何かを学ぶためには、状況が必要である、と理解できます。そして、移動することによって、学びがどうなっていくのかを解明することが、香川が主張する「文脈横断論」や「越境での学び」につながるのだと考えます。

　上記の中原（2012）、香川（2011）とは分野が異なりますが、芝野（2021）は学校教育分野における近年の「帰国教員[1]」に重要な意味があると考えています。国内の教育現場が多様化していることや、1990 年代以降、在日外

国人が増加していることに目を向け、国内外の教育現場で生じる教育課題に対応できるグローバル教員の育成のために、「帰国教員」に着目しています。そして、「帰国教員」がどのような知識を身につけているのか、また、それをどのように教育現場に活用しているのかを追究しています。芝野は、教員の「越境性」について、異なる国、地域にある教育現場を往還しながら、教育実践や教育観を創出したり、転用・応用したりする能力及び志向性と捉えています。その越境的な教職経験は、①個人の社会的属性や教育経験・海外経験、②個人の置かれている環境、③時代や社会の流れに影響を受けていると述べています。②は「ローカルな文脈」とし、ここには国内で勤務する学校や地域の特徴、赴任先の教育施設や現地社会の特徴が含まれます。③は「グローバルな文脈」とし、ここでは、海外に移住する日本人の多様性や在日外国人の増加などが含まれます。このように、学校教育分野におけるグローバル教員の育成という点からも越境という考え方が芽生えてきています。

　次に、先にも述べたように、香川（2011）は異なる文脈を横断した場合に、それぞれの立場の違いによる矛盾や葛藤などが生じると述べています。また、これまで見過ごされてきた、「個人と組織（集団）の関係性の見直しを可能にする」とも言っています。このような考え方を今回のラウンドテーブル型研修に当てはめて考えると、第6章のBさんが上海でラウンドテーブル型研修に参加した経験を経て、ベトナムのラウンドテーブル型研修を立ち上げ、ベトナムではコーディネーターという役割を担ったことに、自分が属する組織を見直すヒントがあると考えます。

　さらに、香川（2011）では、境界設定は変容することが自然であり、境界は1つだけではなく多重であると述べています。異なる共同体が存在したとしても、共同体の実践が進むことによって、メンバーの関係性が変化し、境界が再構成されることがあるとしています。これが変容であることも指摘しています。越境によって、これまで自分が準拠している状況から解放され、新しい情報や知識、視点が得られれば、越境の価値があると結んでいます。これは、例えば、第6章の上海の大学教員であるEさんが、ベトナム

のラウンドテーブル型研修に参加し、ベトナムの状況に触れて意識の変容が
生じたことと関係します。また、上海ラウンドテーブルの参加者コミュニ
ティと国内のラウンドテーブル型研修の参加者コミュニティが交わる機会が
あることや、ラウンドテーブル型研修に継続的に参加することによって、そ
れぞれの関係性が変化したり、組織が再編成されたり、個人と組織が変容す
ることへと広がるものだと思います。

　次節では**図 6-1** で示した参加者や運営者が横断することによって、どのよ
うな学びを得ているのかについて、見ていきます。

6-3　越境による学びの事例紹介

　ここでは、A さんと E さんについてとりあげます。A さんは参加者とし
て、E さんは参加者、ファシリテーターおよびコーディネーターとしてラウ
ンドテーブル型研修に積極的かつ継続的に参加してきました。この二人は、
他国でラウンドテーブルに参加することによって、新たな学びを得たようで
す。では、越境学習によってどのような学びが起こっているのかについて考
えていきましょう。

【事例 1】参加者 A さん

　ここでは上記の A さんと E さんに着目して、もう少し見ていきましょう。
次の事例は、2017 年の関西のラウンドテーブル型研修に O さん（聴き手：
日本人日本語教師 I）が参加し、そこで同じグループだったが A さんの話を
聴いて、気づいたことや感じたことを語っている場面です。

●参加者 A さんの事例（O さんの語りを聴いて）

O　：　すごく面白かったですね。私、今回、2 年間見ていた学生が一期生
　　　　で送り出していて、新し…。新しい実践みたいなのを始めたばっか
　　　　りなんですね。なんで、どうだろうっていう時に一つ、今、「うる

　さい」っていうのがあって、このうるささをどうにかしたいんだけ
　ど、どうしたらいいかっていうのがあって、一人おっしゃっていた
　のが、いや、うるさいっていいことだよって、今の、その方（Aさ
　ん）は上海の方だったんですけど。

I　：　上海では学生が。

O　：　スマホになっちゃっているんで、休憩時間とかもずっと、こうで誰
　　　　一人しゃべらないと。

I　：　ええ、上海の大学生が？

O　：　はい。誰一人、こうスマホの画面をみてて、交流をしないと。

I　：　ええー。

O　：　友達同士なのに交流もしないっていう。

I　：　本当？そうなんですかね。

O　：　びっくりでした。私も。ですから、静寂のほうがこわいよって。

I　：　そうねえ。コミュニケーション障害、ある意味で。人とコミュニ
　　　　ケーションしなくてもその、、、。

O　：　スマホはあるし、ゲームはあるし、特別にはっていうふうにおっ
　　　　しゃっていて。だから反対にうるさいって幸せって。

I　：　本当。上海の大学ですね。はあ、そう。

O　：　それ、聞いたときにああ、じゃあやっぱりうるさいってコミュニ
　　　　ケーションをとるために問題はないんだっていうふうに考え直しま
　　　　した。

　以上のように、Oさんは、Aさんから上海の学生の現状を受け止めていま
した。Aさんの語りは、「上海の大学の学生はスマホを頻繁に使い、休憩時
間も静かであること」、そして、「コミュニケーションに支障があるのではな
いか」、という疑いがあるというものでした。他方、Oさんがいつも指導し
ている留学生は、上海の学生とは正反対でスマホは使わないが、その反面実
際のコミュニケーションが非常に盛んでした。そして、学生たちの「うる
ささ」に手を焼いていました。しかし、Aさんの上海の学生の話を聴いて、

「反対にうるさいって幸せ」、「問題はないんだっていうふうに考え直しました」と述べています。このようなOさんの語りは上海と比べて相対的に解釈しているところもありますが、Aさんに出会う前よりも、自分の教育現場を客観的に見ることができるようになったように思われます。

　一方、AさんもOさんの語りを聴いて、日本と上海の学生の態度の違いを感じとったことでしょう。

【事例2】運営者Eさん（Eさんの語り）

　次の事例は、Eさんが上海からベトナムのラウンドテーブル型研修の立ち上げにファシリテーターとして参加し、そこで同じグループだったMさん（語り手、日本人、ベトナムの大学の講師）の話を聴いて驚く場面です。

●運営者Eさんの事例（Eさんの語り）

　どうしてって、この質問をするかって、私は考えたことがなかったんですね。でも本当に3つの質問、1つも考えたことはありませんでした。（中略）でもどうして日本人の先生は会話と作文（を担当するのか）、私が日本語を習った時は、そうでした。私たちは（会話と作文）を教えないことはないですが、面倒くさいから。訂正は（日本人教師に比べると）やっぱり弱いですね。日本人の先生にお願いしたほうがいいと思いました。あとは、高級（上級）日本語（担当の日本人の）Y先生にお願いしました。どうして日本人の先生にお願いしたかというと、せっかく（中国に）来ていただいたから、本当にその高級な（レベルの高い）授業を依頼しないと失礼だと思った。（中略）でも一理あると思いますよ。普通のコミュニケーションはこうでしょ。作った話でしょ。会話を違うかたちでやっているだけじゃないかって、私あとで一理あると思います。

　以上のように、Eさんは語り手の話を聴いて困惑しています。そして、「考えたことがない」という言葉を2回発しており、このことから刺激を受

けていることも窺えます。また、自分の過去の経験を思い出しながら、「私が日本語を習った時は、そうでした」といい、現在の上海のやり方を語っています。その後は、中国の方法とベトナムの方法を比較しながら、ベトナムの方法を理解しようとする姿勢を示していることが推察されます。ここからも言えることは、EさんはMさんに会う以前よりも客観的に上海の教育現場を捉えることができるようになったのではないか、ということです。

6-4 国境を越えて学び合うことの意味や可能性

　2つの事例で見てきたものは、越境学習における学びの一端にすぎませんが、ラウンドテーブルにはこのような「変容の学び」が潜んでいると言えます。それぞれの国によって、社会的な文脈や政策は異なりますが、そこに根差した日本語教育があります。自分が身を置いた国から越境して、他の国のラウンドテーブルに参加し、新しい考えに刺激を受け、また、自分の国に戻り、自国の日本語教育にも影響を与えることがあるでしょう。これは、個人の成長が組織の成長にもつながることであり、「組織学習」と捉えることができます。組織学習は、ショーンが目指していたことでもあります。ラウンドテーブル型研修では、コミュニティをつくり、それぞれのコミュニティがつながりをもって影響し合うことを、継続的に下から支えていくことを目指しています。今後、DX^{2}の加速化やグローバル化によって、国の往来はよりいっそう盛んになり、越境による学びの環境が広がっていくことでしょう。ラウンドテーブル型研修による越境学習の学びを紐解くまでには、もう少し時間がかかりますが、積極的に向き合い、その内実や実態を解明したいと考えています。

6-5 学び合うコミュニティ同士のつながり

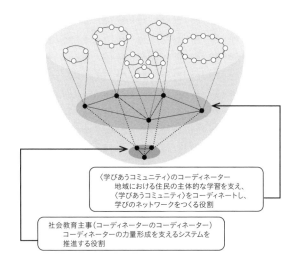

〈学びあうコミュニティ〉のコーディネーター
地域における住民の主体的な学習を支え、
〈学びあうコミュニティ〉をコーディネートし、
学びのネットワークをつくる役割

社会教育主事（コーディネーターのコーディネーター）
コーディネーターの力量形成を支えるシステムを
推進する役割

図 6-3　学び合うコミュニティ同士のつながり（日本社会教育学会 2008: 12）

　図 6-3 は、それぞれの学び合うコミュニティがどのようにつながり、支え合っていくのかについて、イメージしたものです。ラウンドテーブルを継続することによって、参加者にリピーターが増え、徐々に人間関係ができあがり、コミュニティも構築されていきます。また、ラウンドテーブル型研修を支えるコーディネーターやファシリテーターは、参加者の声を受け止めつつ、下から参加者を支え続けることが求められていきます。加えて、他のコミュニティができあがった場合、他のコーディネーターやファシリテーターともつながりを作り、互いに支え合うことも求められます。**図 6-3** は、日本社会教育学会で示している社会教育主事の「学び合うコミュニティのコーディネーター」の図です。この図ではコーディネーターのみで説明されていますが、ここで支えるのは、ファシリテーターも含まれると考えられます。

　例えば、一番右上の円は、上海ラウンドテーブルに継続して参加した教師のコミュニティだとします。このコミュニティを支えるのは、円の下に線

で結ばれている黒丸（●）であり、これは、上海のラウンドテーブルのコーディネーターやファシリテーターを意味します。コーディネーターらは、他のコミュニティのコーディネーターやファシリテーターともつながりを持ち、互いに支え合っていることを表しています。この図は、社会教育主事の例をもとに作成されたものなので、さらに下に伸びている黒丸（●）のことまで当てはめることは難しいかもしれませんが、ラウンドテーブル型研修が単発的ではなく、持続可能なコミュニティを目指しており、その先にコミュニティ同士がつながり、そこでも学び合うことが示されています。また、コミュニティを支えるコーディネーターらの立ち位置がわかりやすく描かれています。つまり、ラウンドテーブル型研修は、その場限りでつながって終わるのではなく、長期的な視点に立ち、参加者、ファシリテーター、コーディネーターらの「多層的な学び合い」が目指されていると言えるでしょう。

注

1. 芝野（2022）は、日本の学校教育界において在外教育施設から帰国した派遣教員のことを「帰国教員」としている。文部科学省は在外教育施設に日本の公立学校教員を派遣している。

2. DX（Digital Transformation）デジタル技術による生活やビジネスの変革のことを示す。

あとがき

　本書の企画プロジェクトが立ち上がるきっかけとなったのは、2019年の
ベトナム国際研究集会の帰りに佐野香織氏と会談したことからです。佐野氏
は「学びを培う教師コミュニティ研究会」の運営メンバーの一人です。ベト
ナムの基調講演では、「教師の学び合い」を中心にラウンドテーブル型教師
研修の歩みやラウンドテーブル型教師研修の実践について語る機会をいただ
きました。その講演の後だったこともあり、もっと多くの日本語関係者の方
にラウンドテーブルの醍醐味を知ってもらいたい、できればラウンドテーブ
ルを支えている考え方や理論も一緒に発信したい、そして、教育現場で孤軍
奮闘しているような日本語教師の方々に読んでもらえるようなわかりやすい
本としてまとめたいという思いが湧いていました。それが形となり、当該プ
ロジェクトは2020年から本格的な歩みを進めることになりました。

　「学びを培う教師コミュニティの研究会」の現在の運営メンバーは、池田
の他、尹松氏、上田和子氏、宇津木奈美子氏、小西達也氏、佐野香織氏、守
内映子氏の6名です。運営メンバーからは、ともに学び合い、励まし合う
メンバーとして常に多くのご支援をいただきました。また、研究会を立ちあ
げる段階やその前の段階、つまり萌芽の時期に当該ラウンドテーブル型教師
研修についてともに工夫をしてくださった方々、研究会を立ち上げて間もな
い段階に有益な助言をいただいた方々に心から感謝の意を表したいと思いま
す。

　今回こうしたラウンドテーブル型教師研修の実践の資料や理論に向き合い
ながら、改めて感じたことは、実践を継続的に続けることも、またそうした
中から多くのデータや資料を作成したりすることも、本当に多くの時間と労
力が必要だということでした。理論と実践を結ぶための言葉や表現は、読者
の方にわかりやすく、そして誤解のないように伝えるために検討を繰り返し
ました。また、ここで取り上げた実践や方法は、あくまでも一例です。です
から、本書の方法や例のように実施することで、必ずしも同じような学びや

結果が得られるというものではないと考えます。実践を考えていらっしゃる方々には、それぞれの事情や状況があると予測されることから、いわゆる一般的にマニュアルと呼ばれるものにならないようにしました。

　この点については、ご利用くださる方々がそれぞれラウンドテーブルに参加したり、独自で考えることによって理解を深めていただければと思います。教育現場からの声を聴き、ラウンドテーブルで実践をふり返る文化ができてゆくことによって、実践から目をそらすことなく、様々な方法を試しながら、考え続ける人、つまり「省察的実践者」が育っていくことを筆者らは願っています。そうしたものとして、本書をご活用していただければ幸いです。

　最後に本書については、企画書の段階から的確なアドバイスをくださったくろしお出版の皆さまと、私たちを支え続けてくださった池上達昭氏にお礼を申し上げます。

　本書の内容は、科学研究費（基盤 C15K02649「成人学習論に基づく『アジアの日本語教師研修システム』の構築」2015-2019 代表 池田広子、および、基盤 C18K00693「東南アジアにおける『学び合う教師コミュニティ型教師研修』の広がりと継続性の構築」2018-2022 代表 池田広子）の研究成果の一部に基づくものです。

　また、本書は、目白大学特別研究費（学術書刊行のための経費助成）による刊行物です。

2022 年 12 月

池田広子

参考文献

安藤史江（2019）『コア・テキスト組織学習』新世社

飯野令子（2011）「多様な立場の教育実践が混在する日本語教育における教師の『成長』とは―教師が自らの教育実践の立場を明確化する過程―」『早稲田日本語教育学』9, 137–157.

飯野令子（2017）『日本語教師の成長―ライフストーリーからみる教育実践の立場の変化―』ココ出版

池田広子（2004a）「日本語教育実習における教師の意思決定―授業形態と意思決定の関係から」『世界の日本語教育』14, 1–20. 国際交流基金

池田広子（2004b）「多言語多文化共生を目指す教育実習における教師の意思決定―成人学習者を対象とした場合―」『言語文化と日本語教育』27, 182–195. お茶の水女子大学日本言語文化学研究会

池田広子（2013）「中国の日本語教師研修における実践の批判的ふり返り活動―ファシリテーターの学びの考察―」『日本語教育研究』59, 68–84. 長沼言語文化研究所

池田広子・尹松・宇津木奈美子（2022）「実践を省察するラウンドテーブル型教師研修」からの学びの可能性―継続的に参加した上海の大学教員を対象として―『日本語教育』183, 18–33.

池田広子・宇津木奈美子・守内映子（2021）「ベトナムにおける『実践を省察するラウンドテーブル型教師研修』の可能性と日本語教師の学び―参加者の語りの分析から―」『目白大学高等教育研究』27, 1–10.

池田広子・酒井彩（2018）「日本語教師が教師研修に求めるものは何か―大学日本語教育センターと日本語学校の日本語教師の比較から―」『九州大学日本語センター紀要』27, 13-20.

池田広子・酒井彩（2020）「ベトナムにおけるベトナム人日本語教師の現状と教師研修に関する意識調査」『九州大学日本語センター紀要』28, 1-14.

池田広子・朱桂栄（2017）『実践のふり返りによる日本語教育―成人学習論の視点から』鳳書房

池田広子・ナイダン バヤルマー・劉娜（2007）「協働型実習の準備期間における教師の成長―協働活動による社会面の意識変容」岡崎眸監修・野々口ちとせ・岩田夏穂・張瑜珊・半原芳子編『共生日本語教育学―多言語多文化共生社会のために』41–64, 雄松堂書店

石山恒貴（2018）『越境的学習のメカニズム―越境的学習のメカニズム実践共同体を往還しキャリア構築するナレッジ・ブローカーの実像―』福村出版

ウェンガー，エティエンヌ・マクダーモット，リチャード・スナイダー，ウィリアム M.（2002）『コミュニティ・オブ・プラクティス―ナレッジ社会の新たな知識形成の実践―』野村泰彦監修，桜井裕子訳，翔泳社

于衛紅・高春元・沙秀程（2014）「中国における大学日本語教育の問題点について―内蒙古大学の日本語専攻を例とする―」『九州共立大学紀要』5, 1, 45–54.

牛窪隆太（2014）「新人日本語教師の葛藤を生み出すもの―制約の下での発達に焦点をあてて」『多摩留学生教育研究論集』9, 1–10.

牛窪隆太（2015）「日本語教育における『教師の成長』の批判的再検討自己成長論から逸脱の場としての「同僚性」構築へ」『言語文化教育研究』13, 13–26.

エンゲストローム，ユーリア（1999）『拡張による学習―活動理論からのアプローチ―』山住勝広訳，新曜社.

大河原尚（2002）「日本語教育日記の自己分析から見た「内省」」『世界の日本語教育』12, 79–90.

岡崎敏雄・岡崎眸（1990）『日本語教育におけるコミュニカティブ・アプローチ』凡人社

岡崎敏雄・岡崎眸（1997）『日本語教育の実習―理論と実践―』アルク

小熊利江、スニーラット ニャンジャローンスック（2001）「教育実習を通して起こる認識の変化―日本語教育を専門とする大学院生の場合―」『言語文化と日本語教育』21, 71–82. お茶の水女子大学

香川秀太（2011）「状況論の拡大―状況的学習，文脈横断，そして共同体間の『境界』を問う議論へ」『認知科学』18, 4, 604–623.

香川秀太・青山征彦（2015）『越境する対話と学び―異質な人・組織・コミュニティをつなぐ―』新曜社

笠原ゆう子・古川嘉子・文野峯子（1995）「内省活動を取り入れた教授法授業―長

期研修日本語教授法授業再考―」『日本語国際センター紀要』5, 105–117.

金田智子・小河原義朗 (2004)「仲間と共に成長する中核的教師を目指して」2004 年日本語教育国際研究会ワークショップ・セッション 1

CAO, LE DUNG CHI (2017)「ベトナムの外国語教育政策と日本語教育の展望」大阪大学言語文化研究科博士論文

カオレ・ユン・チー (2017)「アクティブ・ラーニングに向けた日本語カリキュラムにおける教師の役割―プロジェクト型学習を実施しているホーチミン市師範大学の試み―」『間谷論集』11, 155–178.

教育部高等学校教学指导委员会编 (2018)『普通高等学校本科専攻類教育質量国家標準上』高等教育出版社

グエン ソン ラン アイン (2018)「ベトナムの大学における日本語教育の方向性―ピア・ラーニングの実施の取り組みを中心に―」『専門日本語教育研究』20, 13–18.

クラントン, パトリシア (1999/2006)『おとなの学びを拓く―自己決定と意識変容を求めて―』入江直子・豊田千代子・三輪建二訳, 鳳書房 [邦訳：Cranton, P. (1992). *Working with Adult Learners.* Wall & Emerson.

クラントン, パトリシア A. (2004)『おとなの学びを創る―専門職の省察的実践をめざして』入江直子・三輪建二訳, 鳳書房 [原著：Cranton, P. (1996). *Professional Development as Transformative Learning: New Perspectives for Teachers of Adults.* Wall Emeerson.]

黄均钧 (2018)「对话型课堂中师生"教""学"观念的冲突与磨合―基于大三综合日语课的实践研究」『日语学习与研究』第 2 期 101–109.

国際交流基金 (2020)『海外の日本語教育の現状　2018 年度日本語教育機関調査より』 https://www.jpf.go.jp/j/project/japanese/survey/result/dl/survey2018/all.pdf (2021 年 2 月 17 日)

迫田久美子 (2000)「アクション・リサーチを取り入れた教育実習の試み：自己研修型の教師を目指して」『広島大学日本語教育学科紀要』10, 21–30.

佐藤学・秋田喜代美 (2001)『専門家の知恵―反省的実践家は行為しながら考える―』ゆるみ出版

芝野淳一 (2021)「帰国した在外教育施設派遣教員に関する調査のデザイン―先行調査を紐解きつつ」『2022 年度 第 43 回異文化間教育学会大会抄録』90–

91.

芝野淳一（2022）「帰国した在外教育施設派遣教員に関する調査のデザイン―先行調査を紐解きつつ」『中京大学現代社会学部紀要』16(1), 63–95.

渋江かさね（2012）『成人教育者の能力開発―P. クラントンの理論と実践―』鳳書房

椙山委都子（2013）『看護における実践と研究―看護科学研究学会の省察的実践―』鳳書房

ショーン，ドナルド・A.（2007）『省察的実践家とは何か―プロフェッショナルの行為と思考』柳沢昌一・三輪建二監訳，鳳書房［原著：Schön, D. A.（1983）. *The Reflective Practitioner: How Professionals Think in Action*. Basic Books.］

ショーン，ドナルド・A.（2017）『省察的実践家の教育―プロフェッショナル・スクールの実践と理論』柳沢昌一・村田晶子監訳，鳳書房［Schön, D. A.（1987）. *Educating The Reflective Practitioner: Toward a New Design for Teaching and Learning in the Professions*. John Wiley & Sons.］

修剛（2018）「新时代中国专业日语教育的转型与发展」『日语学习与研究』第 1 期 75–79.

徐燕（2016）「中国の大学における日本語教育の現状と課題―日本語学習者、教育実践者、研究者としての視点から―」『専門日本語教育研究』18, 3–8.

曹大峰（2013）「中国における大学日本語教師研修の歩みと課題」『日本学研究』68–72.

デューイ，ジョン（1975）『民主主義と教育 上』松野安男訳，岩波新書［Dewey, J.（1916）. *Democracy and Education: An Introduction to the Philosophy of Education*］

中野民夫（2001）『ワークショップ―新しい学びと創造の場―』岩波新書

中原淳（2012）『経営学習論―人材育成を科学する―』東京大学出版会

中原淳・上本洋子（2009）「大人の学びを科学する―特集 教育スタッフが熱く語る現場に信頼される教育スタッフになる！―」『企業と人材』42, 38–43.

日本社会教育学会社会教育・生涯学習関係職員問題特別委員会（2008）『知識基盤社会における社会教育の役割―職員問題特別委員会議論のまとめ』日本社会教育学会

林さと子（2006）「教師研修モデルの変遷―自己研修型教師像を探る―」『日本

語教師の成長と自己研修―新たな教師研修ストラテジーの可能性をめざして―』10–25. 凡人社

平野美恵子（2007）「多文化共生指向の日本語教育実習での非対象的な関係性に見る実習生間の学び―準備期間3カ月の話し合い分析」岡崎眸監修・野々口ちとせ・岩田夏穂・張瑜珊・半原芳子編『共生日本語教育学―多言語多文化共生社会のために―』64–84, 雄松堂書店, .

古市由美子（2004）「共生日本語教育実習における学び―実習報告書の比較分析にもとづいて―」『言語文化と日本語教育』28, 37-43.

文化審議会国語分科会（2018）『日本語教育人材の養成・研修の在り方について』文化庁 https://www.sangiin.go.jp/japanese/annai/chousa/rippou_chousa/backnumber/2019pdf/20190701176.pdf（2022年2月14日）

文化審議会国語分科会（2019）「日本語教育人材の養成・研修の在り方について（報告案）改定版」文化庁 https://www.bunka.go.jp/seisaku/bunkashingikai/kokugo/nihongo/nihongo_92/pdf/r1413911_04.pdf（2022年2月17日）

文化庁国語課（2020）「令和二年度日本語教育実態調査報告書　国内の日本語教育の概要」令和2年11月1日現在　文化庁国語課 chromeextension://efaidnbmnnnibpcajpcglclefindmkaj/viewer.html?pdfurl=https%3A%2F%2Fwww.nisshinkyo.org%2Fnews%2Fpdf%2FA-2020-2.pdf&clen=8112306&chunk=true（2022年2月20日）

星野欣生（2003）「ファシリテーターは援助促進者である」南山大学人文学部心理人間学科監修・津村俊充・石田祐久編『ファシリテーター・トレーニング―自己実現を促す教育ファシリテーションのアプローチ―』7–11. ナカニシヤ出版.

ノールズ，マルカム（2002）『成人教育の現代的実践―ペダゴジーからアンドラゴジーへ』［原著: Knowles, M. S.（1980）. *The Modern Practice of Adult Education: From Pedagogy to Andragogy*. Revised and updated. Prentice Hall.］

堀公俊・加留部貴行（2010）『教育研修ファシリテーター―組織・人材開発を促進する―』日本経済新聞出版社

ポランニー，マイケル（2003）『暗黙知の次元』高橋勇夫訳，ちくま学芸文庫［原著：Polanyi, M.（1966）. *The Tacit Dimension*. Routledge.］

三輪建二（2009）『おとなの学びを育む―生涯学習とコミュニティの創造―』鳳書房

メジロー，ジャック（2012）『おとなの学びと変容―変容的学習とは何か―』金澤睦・三輪建二監訳，鳳書房［原著：Mezirow, J.（2010）. *Transformative Dimensions of Adult Learning*. Jossey-Bass.］

柳沢昌一（2009）「ラウンドテーブル―実践し省察するコミュニティを学び支える―」『福井大学教職大学院 Newsletter』11, 13–14. 福井大学大学院教育学研究科教職開発専攻

山内一宏（2019）「学習言語としての日本語とそれを学ぶ人々―我が国内外での日本語学習の現状―」『立法と調査』414, 176–192.

横溝紳一郎（2000）『日本語教師のためのアクションリサーチ』凡人社

レイヴ，ジーン・ウェンガー，エティエンヌ（1993）『状況に埋め込まれた学習―正統的周辺参加』佐伯胖訳，産業図書

Dao Thi Nga My（2018）「ベトナムにおける日本語教育の事情―現状と今後の期待―」『公益社団法人日本語教育学会―世界の日本語教育』http://www.nkg.or.jp/wp/wp-content/uploads/2018/10/sekai-vietnam1011.pdf（2022 年 2 月 18 日）

Dewey, J.（1916）. *Democracy and Education*. Macmillan.

Edge, J.（1992）. *Cooperative development: Professional self-development through cooperation with colleagues*. Longman.

Freire, P.（1971）. *The Pedagogy of the Oppressed*. Herder and Herder.［邦訳：フレイレ，パウロ（1979）『被抑圧者の教育学』小沢有作・楠原彰・柿沼秀雄・伊藤周訳，亜紀書房］

Lindeman, E. C.（1961）. *The Meaning of Adult Education*. Harvest House.［邦訳：（1996）『成人教育の意味』堀薫夫訳，学文社］

Maslow, A. H.（1970）. *Motivation and Personality*. Harper & Row.［邦訳：マズローA.H.（1971）『人間性の心理学』小口忠彦監訳，産業能率短期大学出版部］

Nunan, D.（1989）. *Designing Tasks for the Communicative Classrooms*. Cambridge University Press.

Rogers, C. R. & Freiberg, H. J.（1969）. *Freedom to Learn*. Ohio: Charles E. Merill.［邦訳：ロジャーズ，カール H.・フライバーグ，ジェローム（2006）『学習する自由』畠瀬稔・村田進訳，星雲社］

Wallace, M. J.（1991）. *Training Foreign Language Teachers: A Reflective Approach*. Cambridge University Press.

参考資料

1. オンラインによるラウンドテーブル型研修のポスター

2. 対面によるラウンドテーブル型研修のポスター

華東師範大学外国語学院日本語学科，　学びを培う教師コミュニティ研究会 共催

●ラウンドテーブル 2018　〜上海〜●

実践のプロセスを協働でふり返る
-語る・聴くから省察へ-

コーディネーター
　池田広子（目白大学）
　尹松（華東師範大学）

ファシリテーター
　守内映子（日本映画大学），佐野香織（早稲田大学），宇津木奈美子（帝京大学）
　中原（大関）由貴（神奈川大学）

日時：2018 年 12 月 15（土）　9:30〜14:30
場所：華東師範大学　　中北キャンパス（普陀区中山北路 3663 号）
　　　MPA 教育中心棟　203 教室
　　　参加費：無料
　　　締め切り：12 月 8 日（土）

◆お申し込み・お問い合わせはこちらまで
　https://ws.formzu.net/fgen/ S84191482/

●●こんな方のご参加をお待ちしております●●
「自分の実践をじっくり、ゆっくり、たっぷり、ふり返ってみたい」「仲間と共に実践を考え、
つながることを体験してみたい」「教師の成長を仲間と関わりながら考えたい」「教師の豊
富な経験や個々の価値観に興味がある方」「新しい学び方を体験してみたい」
「成人教育・成人学習に関心がある」等

学びを培う教師コミュニティ研究会
http://manabireflection.web.fc2.com/
〒161-8539 東京都新宿区中落合 4−31−1　　事務局 E-mail:manabireflection@gmail.com
（目白大学大学院日本語・日本語教育専攻　池田研究室）

索 引

執筆者紹介

池田広子（いけだ ひろこ）　編者／まえがき・第1〜2章・第6章・あとがき

目白大学外国語学部日本語・日本語教育学科教授。お茶の水女子大学大学院人間文化研究科博士課程修了。博士（人文科学）。立教大学講師などを経て現職。著作に『日本語教師教育の方法』（鳳書房、2007）、『実践のふり返りによる日本語教師教育』（共著、鳳書房、2017）、『新装版 ビジネスのための日本語 初中級』（共著、スリーエーネットワーク、2006）、「実践を省察するラウンドテーブル型教師研修からの学びと可能性」（共著『日本語教育』183、2022）などがある。

宇津木奈美子（うつき なみこ）　編者／第3〜4章

帝京大学帝京スタディアブロードセンター准教授。お茶の水女子大学大学院人間文化創成科学研究科博士課程修了。博士（人文科学）。専修大学非常勤講師などを経て現職。著作に『教科学習支援における母語支援者の当事者性獲得』（風間書房、2018）、『考える人の「上級」日本語読解』（共著、凡人社、2020）、論文に「CLD児散在地域における教育保障に向けた学校教育への挑戦のプロセス」（共著、『母語・継承語・バイリンガル教育（MBH）研究』17、2021）などがある。

尹　松（いん しょう）　第3章・第5章

華東師範大学外国語学院日本学科准教授。お茶の水女子大学大学院人間文化研究科博士課程修了。博士（人文科学）。首都師範大学講師などを経て現職。著作に『日語聴力教学法的実証性研究』（上海訳文出版社、2005）、『日語聴解教程 第1–3冊』（共著、上海外語教育出版社、2008）、『日語聴力教程』（共著、華東理工大学出版社、2022）、論文に「パターン学習は理解を促進させるか」（『日本語教育』112、2002）などがある。

佐野香織（さの かおり）　第5章

長崎国際大学人間社会学部国際観光学科准教授。お茶の水女子大学大学院人間文化創成科学研究科博士課程修了。博士（人文科学）。早稲田大学講師などを経て現職。著作に『Steps in Japanese for Begginers 1・2』（共著、早稲田大学日本語教育研究センター、2021）、『〈やさしい日本語〉と多文化共生』（共著、ココ出版、2019）などがある。

越境する日本語教師と教師研修
—実践を省察するラウンドテーブル—

初版第1刷———2023年 2月28日

編　者————　池田広子・宇津木奈美子

発行人————　岡野秀夫

発行所————　株式会社くろしお出版
　　　　　　　〒102-0084　東京都千代田区二番町4-3
　　　　　　　[電話] 03-6261-2867　[WEB] www.9640.jp

印刷・製本　シナノ書籍印刷　装丁　折原カズヒロ

©IKEDA Hiroko, UTSUKI Namiko, 2023
Printed in Japan
ISBN978-4-87424-930-7 C3037
乱丁・落丁はお取りかえいたします。本書の無断転載・複製を禁じます。